阅读成就梦想······

Read to Achieve

101

BUSINESS IDEAS
THAT WILL CHANGE
THE WAY YOU WORK

颠覆传统的
101项
商业实验

【英】安东尼奥·韦斯（Antonio E. Weiss）/ 著　　钱峰 / 译
【英】梅赛德斯·里奥（Mercedes Leon）/ 绘画

中国人民大学出版社
·北京·

图书在版编目（CIP）数据

颠覆传统的 101 项商业实验 /（英）韦斯（Weiss, A. E.）著；钱峰译 .—北京：中国人民大学出版社，2014

ISBN 978-7-300-19793-7

Ⅰ.①颠…　Ⅱ.①韦…　②钱…　Ⅲ.①商业经营–研究–　Ⅳ.①F715

中国版本图书馆 CIP 数据核字（2014）第232579号

颠覆传统的 101 项商业实验

［英］安东尼奥·韦斯　著

钱峰　译

Dianfu Chuantong De Yibailingyixiang Shangye Shiyan

出版发行	中国人民大学出版社	
社　　址	北京中关村大街31号	**邮政编码**　100080
电　　话	010-62511242（总编室）	010-62511770（质管部）
	010-82501766（邮购部）	010-62514148（门市部）
	010-62515195（发行公司）	010-62515275（盗版举报）
网　　址	http:// www. crup. com. cn	
	http:// www. ttrnet. com（人大教研网）	
经　　销	新华书店	
印　　刷	北京中印联印务有限公司	
规　　格	170 mm × 230 mm　16开本	**版　　次**　2014年11月第1版
印　　张	17.5　插页1	**印　　次**　2014年11月第1次印刷
字　　数	195 000	**定　　价**　55.00元

各方赞誉

本书作者通过一场商业领域和社会科学领域的饕餮盛宴，为企业管理者们提供了一种无价的服务。

菲利普·德尔夫·布劳顿
《纽约时报》畅销书《哈佛商学院教会了你什么》作者

这本书太有趣了。它为管理人员准备了一盒充满惊喜的巧克力，为一些陈词滥调赋予了新的意义，以及价值一年的智慧养分。

沃尔特·基切尔三世
《战略之王》作者

我非常欣赏安东尼奥的作品，也钦佩培生教育集团致力于把商业领域的最好思想和实践传播到全球。

爱尔康·科皮萨罗爵士
麦肯锡公司第一位非美籍高级合伙人，伊甸园项目信托委员会主席学者和商人之间存在的鸿沟对于双方而言都是有害的。这本书为缩小这一差距做出了有价值的、令人振奋的贡献。

大卫·凯耶

前安盛咨询公司合伙人，前城市大学商学院院长（目前为凯斯商学院的院长）

你可以利用这次机会把最新的发现运用到你的组织机构中去。作为一名企业管理人员，这些商业理念可以帮助你重新考虑企业的经营战略和经营方法。将最好的学术研究成果应用到我们真正面对的商业问题中，这真是一个非常聪明的想法！

克里斯多夫·麦肯纳

牛津大学萨伊德商学院，《世界上最新的职业》作者

在本书中，安东尼奥·韦斯将商业研究中的重要理念和实践结合在一起，不仅传达了丰富的知识，而且具有很高的可读性。这本书将会挑战你对商业的看法，帮助你更清晰地看待周围的人和世界。这是一本值得仔细阅读，并一读再读的书。

摩根·维策尔

《管理思想的历史》作者

目录

第一部分 \ 关于职场的实验　　1

第1章 关于职场心理学的实验

目 录

目　录

第7章 关于管理心理学的实验

目 录

目 录

实验 1

为什么知识不一定就是力量

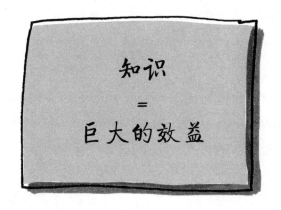

将世界一流的研究成果与商业联系起来，你将获得巨大的效益。

你所需要知道的

是什么成就一名成功的首席执行官？怎样做才能获得更多的晋升机会？我们应该相信那些专家的预测吗？长期以来，人们总是会不耐烦地回答："我们既不知道，也不可能知道——相信你自己的判断就好了。"假如我们现在知道的比大多数人想的还多，而大多数时候我们的判断又总是错的一塌糊涂，那将会怎么样呢？事实上，这就是现实。几十年来，专业学者和研究人员一直在研究商务人士迫切想要得到答案的重要商业问题，并在这些问题上取得了一些成果。然而，到目前为止，他们这些令人惊叹不已的发现得到的关注却少之又少。这本书的就是要将那些开创性的研究发现介绍给你。

为什么你需要读这本书

你多久听到一次类似这样的建议："管理一个团队的最好方法是给予他们自主权"；或是"聆听顾客心声"；甚至是"伟大的领袖是天生的，而不是后天养成的"。这些建议出自哪里呢？谁说它们是有用的呢？它们真的有用吗？如果你有过这种感觉，认为自己缺乏商业和领导力方面的建议，那么这本书就是为你准备的。《颠覆传统的 101 项商业实验》网罗了学术界各个领域最新的、世界一流的研究，并聚焦于商业领域中一些重要话题,详细地整合每个重要研究的结论。最后你将了解到：现实中，招聘人员看一份简历所花费的时间；咒骂是一种多么强大的止痛剂；如何分辨你的领导是否在说谎；明星员工是如何提高你自信心；为什么你所有的产品都应该像宜家家居的产品那样，等等。请继续读下去！

一点提醒

就像每一个论点都有可反驳之处一样，每一个伟大的理念或每一项伟大的研究也必然会引起争论或质疑。在总结现有研究时，本书总是尽可能地为读者提供最客观的方法。然而，一些话题不可避免地会引发争议。研究成果总是存在着一些局限性。比如，如果日本的一项研究发现，与打折商品相比，顾客更偏爱带有赠品的商品，这难道意味着美国的顾客也有同样的偏好吗？这种推论需要多次论证才能被接受。因此，本书中在介绍每一个研究之后，还伴随着一些小建议，教你如何改变自己的工作方式或管理方式。有时，我们需要将一些研究成果转化为富有逻辑性的实用品。这是否可行，常成为学者们激烈辩论的焦点。正因如此，我们希望你能对其中感兴趣的主题深入钻研，形成自己的观点，这必定会让你受益匪浅。本书中提到的大量研究都经过了各领域专家的相互评阅以及学术界的严格审查，书中的一小部分研究并非直接来源于学术界，而是来自于包含着一些最佳商业思维的出版物。当然，任何错误的解析都完全归咎于本书的作者。

如何阅读这本书

本书共分为三个部分——关于职场的实验，关于管理的实验，关于商业经营的实验，你可以随意阅读。在每一项实验中，你都会看到与这个实验相关的一些重要研究总结（"为什么这很重要"），使你的工作方式更有效率的一些建设性意见（"实验所带来的商业启示"）以及一些可以随时引用的话，下一次和别人在办公室谈话时，你可以运用它们展现你的才华（"你可以对此说些什么"）。祝你阅读愉快！

── 你可以对此说些什么 ─→ 101 BUSINESS IDEAS THAT WILL CHANGE THE WAY YOU WORK

"世界上存在着许许多多惊人的研究，我们需要将它们转化为日常的、具有实用性的商业思维。"

"现在我了解了为什么计划好的事却常常不尽如人意——我掌握了一些巧妙的、创造性的方法，可以避免类似情况在未来再次发生。"

"下一次有人问我'是什么使你产生这样的想法？'我可以将这本书推荐给他。"

关于职场的实验

101

BUSINESS IDEAS THAT WILL CHANGE THE WAY YOU WORK

第1章
关于职场心理学的实验

实验 2
理性与感性并存的你

我们的大脑可以被看做是两个截然不同的部分——系统 1（"感性的"自己）和系统 2（"理性的"自己）。

关于实验

是什么让你成为了现在的你？笛卡尔（Descartes）著名的格言"我思故我在"（I think therefore I am）告诉了我们几个世纪以来西方关于自我的理念。从这种观点来看，它的基本原则是，有思想的、会反思的、会深思熟虑的自我决定了我们的人格。正统的经济学理论认为人都是理性的动物，被理性和逻辑所控制，然而，认知心理学、神经系统科学和行为经济学领域开拓性的研究发现已经完全了颠覆了这种观点。根据丹尼尔·卡尼曼的观点，笛卡尔哲学中将人类看做是有思想的、理性的动物这种观点并不正确，我们应当把自己的大脑看做是由两个截然不同的部分组成：第一个部分是系统 1，它是无意识的，由直觉控制的，重要的是，这部分的大脑大多数时间都是活跃的，从本质上来说，系统 1 是我们的"自动舵"以及思维的默认模式，它非常容易犯错或产生认知偏差；大脑的第二部分是系统 2，这部分的大脑处理复杂的、棘手的问题。系统 2 很容易疲劳。由于我们的大脑从本质上来说是懒惰的，所以我们总是倾向于错误地使用系统 1，并且非常容易做出不明智的决策。

为什么这很重要

事实上，在大多数时间我们都在使用系统 1，这对我们在生活中如何做决

策起着非常深远的影响。因为系统1
总是欠缺考虑，无判断力的。它常常
倾向于做出错误的选择，如误解打折
的力度（实验84），对候选人产生不
公平的偏见（实验42）或者做出错
误的、仓促的判断。有一个最有名的

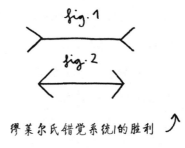

缪莱尔氏错觉系统1的胜利

例子可以说明系统1的失败，想一想上面提到的缪莱尔氏错觉（the Müller-Lyer illusion）。

哪条线更长？从直觉上来说，系统1会告诉你，上面的那条线更长，但如果你去测量一下，你会发现它们的长度是相同的。由于喜欢简单，喜欢迅速地给出答案，系统1仓促地给出了一个错误的答案。卡尼曼用了一个简单却惊人的方法向我们展示了我们的大脑（以及我们的身体）在系统1和系统2运行的时候会作出怎样不同的反应。下次，当你和朋友正走在路上闲聊的时候，叫他们计算一下 34×57。他们几乎可能会停在原地，瞳孔扩大，如果你测量一下他们的心跳，也肯定在加速跳动。在从容漫步时，系统1正在运作。当被问到一个有难度的、具有探索性的问题时，系统2将会控制大脑，你的朋友需要将注意力和精力（之前分散在闲聊和无意识的漫步中）集中到你提出的问题上。

实验所带来的商业启示

卡尼曼强调要克服系统1的这种偏见和错误几乎是一个不可能完成的任务。他最近的研究伙伴阿莫斯·特沃斯基也持相同的观点，在研究两个系统的性质方面，他比任何人都做了更多的研究。所以，把这点记下来是个明智的做法。

然而，这并不意味着我们无法利用这一点。下次当你不得不做出一个艰难的决定，或真正需要运用你所有的脑力时，考虑一下你的大脑正处于系统1还是系统2。如果你觉得很放松，很舒适，那么你可能处于思维自动舵。在很多情形下，这可能是恰当的。但是在有些情况下，尝试将其转化为系统 2 的思维模式或许更加明智。

要做到这一点的最佳方式，就是意识到自己所持有的偏见，一些小方法可以让你做到这一点，比如，当你在处理一个难题时，试着皱一皱眉头（实验 3）。

—— 你可以对此说些什么 ——> 101 BUSINESS IDEAS
THAT WILL CHANGE THE
WAY YOU WORK

"我们的大脑很懒惰，它总是尝试消耗尽可能少的能量——这意味着当我们尝试解决棘手的问题时，我们常常采取危险的思维捷径。"

"他完全地沉浸在自己的思维中，并且给出了一个错误的答案——他还没有从系统 1 的思维模式中出来。"

"她的瞳孔扩大了——她肯定在用系统 2 进行思考。"

实验 3
情绪是如何改变你的思维

只要改变一下你的面部表情就可以改变你的感觉和你的思想。

关于实验

1872 年，伟大的查尔斯·达尔文写下了这样一句话："如果向外表达一种情绪，就会加剧这种情绪。"换句话说，如果我们很高兴，并通过微笑来表现这种情绪，我们就会因此变得更加高兴。过了将近一百年，这种观念才得到了心理学家的足够重视，但是从那以后，很多研究都是为了证明这一点——甚至是无意识的，我们的情绪会对我们的感觉以及我们的思想产生影响。

为什么这很重要

让我们举两种最常见的面部表情：微笑和皱眉。在若干实验中，参与者们被诱导微笑或皱眉，然后使用不同的方法对这种情绪产生的影响进行测试。在大多数情况下，参与者们完全没有意识到这个测试和情绪或者面部表情有任何联系——比如，在一项实验中，参与者们被要求用自己的嘴唇支撑住一支铅笔，这种方式强迫他们假装各种微笑（你不妨也尝试一下），实验的结果非常出人意料。

微笑的时候，参与者们：

- 认为卡通片或视频片段更加有趣；
- 更迅速地，更直观地做出了决定；
- 因为学术不端行为被惩罚时，他们会更容易被宽大地处理。

皱眉的时候，参与者们：

- 对做过手术的前臂会感觉到更强烈的疼痛感；
- 对于棘手的决定，思考得更加仔细、更加理性；
- 受认知偏见影响的可能性更小（比如，高人一等效应，参阅实验65）。

实验所带来的商业启示

舒展你的眉头或者只是微笑一下。有句老话是这么说的："微笑会使你感觉更快乐。"这句话也许是对的——至少从短期来说的确是这样。同样的，皱眉也有自己的价值，因为它有助于让你更加理智的、更加审慎的、更加具有分析力的那部分大脑参与思考（参阅实验2），而这反过来也能帮助你做出更好的决定。很明显，在你的一生中，你不可能都在佯装微笑或假装皱眉，但是如果你偶尔觉得自己的能量水平快要耗尽了或者你想要真正地把思想集中到一个难题上，试着动用一下你的脸部肌肉。

顺便提一下一件有趣的事情，来自于卡迪夫大学的一项研究指出，那些努力皱眉的人的快乐水平——比如那些接受肉毒杆菌注射的人，通常要比那些没有遭受面部损伤的人更高。然而，另外一项研究也指出，这也许不利于我们准确地判断其他人的情绪状态。

── 你可以对此说些什么 ──➤
101 BUSINESS IDEAS
THAT WILL CHANGE THE
WAY YOU WORK

"感到沮丧吗？微笑一下吧。"

"他肯定正在集中精神，因为他正在皱着眉头。"

"你知道在喜剧演出之前，为什么要进行热场使观众活跃起来吗？组织者之所以这么做是为了让观众在剧目开演之前就已经进入兴奋状态，让他们觉得演出的内容更加有趣。"

实验 4
冒险行为背后的生物学

两种荷尔蒙——睾丸素（testosterone）和皮质醇（cortisol），会对我们的工作方式产生重大的影响。

关于实验

约翰·科茨（John Coates）曾是一位衍生品交易员，后来成为了剑桥大学的一位神经系统科学家。他深深地着迷于研究自己之前工作过的交易大厅猎场中发生作用的生物学过程。他得出了"两种主要的荷尔蒙会对人们的工作方式产生巨大的影响"的结论，即睾丸素会激发我们想去冒险的动力，而皮质醇则会抑制想去冒险的需求。

在 2005 年进行的一项研究中，科茨在两个星期的时间内，每天采集 250 名交易人员（除了三名女性之外，其余的交易员都是男性）的唾液样本，并追踪他们的交易结果。令人难以置信的是，科茨竟然发现了一种非常密切的关联：与睾丸素水平比较低的时候相比，睾丸素水平在早上特别高的时候，交易员会在这一天的晚些时候赚到更多的钱。按年率计算，睾丸素水平高的一天和睾丸素水平低的一天相比，盈利的差别高达 100 万美元。睾丸素水平的起起伏伏（与男性的关系更加密切，特别是，大多数交易公司中普遍的人员都是年轻的男性），可能会对人们的冒险态度产生很大的影响。睾丸素的回旋上升可能引发赢者效应（winner effect）。睾丸素水平高就会鼓励人们去冒险，如果这些风险受到奖励，就会产生更多的睾丸素，随之而来的就是更大的冒险。从而巨大的、出人预料的损失就会容易发生。在这种情况下，另一种荷尔蒙皮质醇开始发生作用。皮质醇是帮助人体处理威胁的一种荷尔蒙，它导致消化系统的关闭以及之前储存在人体中的葡萄糖分解。从本质上来说，人体试图通过关闭来帮助自己。这一行为的一个副产品就是冒险欲望的瓦解。由于异常水平的荷尔蒙影响了身体，以及控制理性的那部分大脑在发挥作用，因此我们会变得更易于情绪化，同时也可能做出不理智的决策。

为什么这很重要

要想看到睾丸素和皮质醇对于金融市场和经济循环可能产生的作用并非难事。当男性交易员收获经济奖励时，他们在这个过程中就会生成更高水平的睾丸素——牛市正在来临。相反，当交易正在蒙受损失，皮质醇迅速升高。从生理学的角度上来说，当交易员的身体内充满皮质醇的时候，他们就会十分渴望保护自己已经拥有的东西，想要冒险的欲望也会随之降低。换句话说，熊市正在来临。控制着金融市场运作的传统的经济假设掩盖了生理变化对市场可能产生的作用。科茨的研究以及神经经济学领域的发展，可以让人们对交易场所真正发生的事情有更加充分的理解。

实验所带来的商业启示

对于如何改变工作中的荷尔蒙构成，科茨提出的一条建议非常简单，要想在交易场所与荷尔蒙效应进行对抗，就少雇用年轻的男性，多雇用女性以及年长的男性，相比之下，他们的睾丸素水平更不易发生此起彼伏的变化。2001 年的一份研究报告指出，雇用更多的女性可能还能带来其他的好处。这份研究报告显示，在一家大型贴现票据经纪公司中，与男性同事相比，女性在普通股本投资方面的投资回报率要高得多。

奖励长期投资。睾丸素和皮质醇的作用在很大程度上会由于交易的短期特性进一步加剧，与五年周期的回报率相比，一年为周期的回报率获得了更大的奖励。改变奖励机制，鼓励交易员培养长期视野，以此降低短期、高风险给交易员带来的压力。

延迟你的反应。任何巨大的经济损失或经济收益都有可能对人体造成影响，至于这些影响是什么，仍待研究。鉴于荷尔蒙起伏不定可能会鼓励人们的非理性思考和非理性行为，也许在出人预料的事件发生之后延迟行动会更有意义。

这也适用于经济领域以外的事情。例如，如果你从同事那里收到了一封令人不快的邮件，不要马上回复。一旦刚开始的情绪影响减轻了，对于如何回应这个问题，你也许会有不同的看法。在这一方面，延迟发送邮件也有助于你缓解情绪波动所带来的影响。

—— 你可以对此说些什么 ——→ 101 BUSINESS IDEAS THAT WILL CHANGE THE WAY YOU WORK

"我对此有些情绪化，我需要冷静下来。"

"公司的人员特征会对公司的行为产生怎样的影响？"

"你需要休息一下。"

实验 5
为什么有选择总比没选择好

当人们觉得自己能够选择的时候，他们会认为自己的工作负担更轻些。

关于实验

一个越来越流行的心理概念——认知失调（cognitive dissonance）描述的是，当一个人所做的行为与其坚定的信念发生冲突时，他会试图合理化或合法化他的行为，在这个过程中，判断错误和感知错误时常发生。

研究人员艾米丽·巴尔科提斯（Emily Balcetis）和大卫·邓宁（David

Dunning）试图调查认知失调对空间感知所产生的影响。他们把大学生分为两个小组，两个小组的成员都被要求步行穿过校园，然后再走回来（每条路的长度为 179 千米）。学生们被带到一个人流量很多的地方——位于校园最中心的方院，然后实验人员把一套卡门·米兰达（20 世纪 50 年代好莱坞红极一时的巴西桑巴女歌手）的服装发给参加实验的学生，包括草裙、椰子文胸以及用塑料水果和花环装饰的帽子。学生们被要求穿上服装，独自穿过方院再回来，然后回答关于他们的情绪和相关体验的问题。其中一个小组的学生被告知，他们可以拒绝这一要求，而另一组学生却别无选择。研究人员想要了解，选择变量会对学生们预测他们要走的道路的长度产生怎样的影响。

令人惊奇的是，那些可以选择拒绝的学生，预测方院的长度在 96 千米至 177 千米，比那些别无选择的学生所预测的长度短。

为什么这很重要

根据巴尔科提斯和邓宁的观点，对于院子长度的错误感知完全取决于选择。那些想反抗此次任务却又别无选择的学生，似乎认为这一任务比实际执行难度更大（比如，步行的长度）。在他们的研究论文中还包含着第二个实验，该实验也获得了相同的发现。在这个实验中，学生们被要求跪在滑冰板上把自己推上一座小山丘。与那些别无选择的学生相比，那些认为自己选择完成这一任务的学生认为小山丘的陡峭程度更小。为人们提供选择或者表面上的选择，似乎会使人们认为任务的难度更小。

实验所带来的商业启示

提供一种选择。一直处于被控制状态的员工在工作方面缺乏自主权，通常会把责任推给过度繁重的工作、事无巨细管理或独裁的老板。卡门·米兰达和滑冰板研究的证据指出，只要给予个人拒绝任务的自由（在大多数情况下，他们通常不会拒绝），就会让他们认为手头的工作没有那么繁重。这种好处是否会持续很长的时间还不得而知，但是不时地为你的团队成员提供选择，并不会产生什么负面影响。

—— 你可以对此说些什么 ——→ 101 BUSINESS IDEAS THAT WILL CHANGE THE WAY YOU WORK

"各位成员，这个礼拜我们要完成一系列的任务——谁想要做什么工作？"

"如果你不想做的话，你可以不做——如果需要的话，我可以让其他人接手。"

"我需要让我们的团队成员们觉得，他们对于自己的工作拥有自主权。"

实验 6
为什么信心确定直觉的准确性

如果你打算跟着感觉走，那么你最好在最开始的时候就信赖自己的感觉。

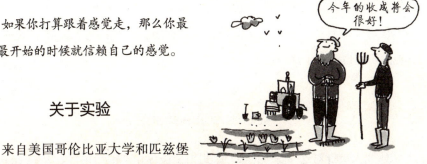

关于实验

来自美国哥伦比亚大学和匹兹堡大学的研究人员对相信直觉和预测未来的能力之间的关系进行了研究。通过调查，研究人员发现，当人们对自己的感觉高度信任时，他们在预测未来事件方面，通常要比那些对自己的信任度很低的人表现好得多。简单地说，如果你相信自己的预测是正确的，那么它越有可能是正确的。

为什么这很重要

在八项单独的调查中，研究人员要求超过 1 200 位参与者预测以下的事件：2008 年克林顿——奥巴马民主党总统候选人提名的结果；票房成功的电影；《美国偶像》（American Idol）节目的获胜者；道琼斯指数的波动；以及天气。

调查的参与者会在以下两种情况下出现情绪波动：1. 对自己的感觉高度信任时（high trust in their feelings, HTF）；2. 对自己的感觉信任度很低时（low trust in their feelings, LTF）。参与者被要求回忆"凭自己的感觉做出一个判断或决定，并且做对了的情形"。HTF 小组被要求记住两种这样的情形——非常容易做到，并且，这很可能使他们对自己的感觉更加信任。LTF 小组被要求回忆十个这样的情形——难度高得多，很可能导致他们对自己的感觉信任度降低。然后，研究人员要求两组人对未来做出预测，研究发现两组人所做出的预测存在非常明显的差异。

当参与者被要求对自己居住地的天气做出预测时，HTF 小组中，有 54% 的人做出了正确的预测，是 LTF 小组正确率的两倍（LTF 小组中，有 21% 的人做出了正确的预测）。重要的是，当参与者被要求对距离居住地遥远的州的天气做出预测时，预测的准确度要低得多，这体现了要对未来做出正确的预测，人们不仅需要对自己的感觉高度信任，而且必须在这个问题上拥有丰富的知识。其他的研究也证实了这一点。

实验所带来的商业启示

研究人员针对这一惊人的发现，提出了被称作"情绪预言效应"（emotional oracle effect）的假设，即人们是如何运用自己的意识和潜意识记忆的。当我们对自己的感觉高度信任的时候，我们就会获得刺激，进入"特权窗口"，这个窗口中包含着我们的回忆，即我们在过去的时间习得的大量知识。回忆起这些信息之后，我们就能准确地运用这些信息，对未来做出预测。反之，当我们对自己的感觉信任度很低的时候，我们就缺乏内在的信心，使我们无法深入自己的记忆，观察那枚水晶球。

从这项研究中，我们得到的一个重要的经验是：如果你对一个主题有所了解，那么尝试刺激自己，进入 HTF 状态，（如，通过记住你最近在对某件事情进行预测的时候，做出了正确的判断），然后根据你回忆起来的原有知识，对此做出预测。你很可能会做出一个非常准确的预测。

你可以对此说些什么 ——→ 101 BUSINESS IDEAS THAT WILL CHANGE THE WAY YOU WORK

"我们在过去学到的很多东西，都被储存在记忆深处。如果我们可以获取这些记忆，那么我们就可以利用它们对未来做出明智的预测。"

"你对自己的预测有多大的信心呢？"

"你对这个领域非常了解。你只需要相信自己的直觉就可以了。"

实验 7
为什么有亲和力未必是件好事

和讨人喜欢的人相比，那些难以相处的男性和女性赚的更多。

关于实验

2012 年，《个性和社会心理学》杂志（*Journal of Personality and Social Psychology*）上的一项研究分析了 10 000 名

美国工人 20 多年来的职业数据，用以测试他们的亲和力（agreeableness）对他们的工资待遇产生的影响。那些从事着各种不同的工作、年龄也各不相同的工人被要求自我评估他们的亲和力。亲和力通常被定义为一个人友好或富有同情心而不是冷漠或不友善。然后研究人员将可能引起偏见的许多因素，比如教育和工作的复杂性考虑进去，得出了最终的结果。他们的发现非常令人吃惊：与具有亲和力的男性相比，那些难相处的男性获得的收入要高出 18%，或者说每年平均高出 9 772 美元；而难相处的女性获得的收入要比具有亲和力的女性高出 5.5%，相当于每年获得 1 828 美元的额外收入。

为什么这很重要

研究中获得的这些发现突出了工作中三个难解的谜题。

1. 难相处的性格（在性格研究中通常被定义为一个人愿意放弃和谐的程度，对其他人持批评态度时的舒适程度）在工作中似乎是很重要的。

2. 与同样难相处的女性相比，男性获得的好处更多——是女性的三倍。在一项独立的实验中，460 名学生被要求担当人力资源部经理，评估关于候选人简短的介绍，看哪位候选人更适合咨询部门的职位。与难相处的女性或有亲和力的男性和女性相比，难相处的男性明显受到了更多的偏爱。

3. 这项研究的发现似乎加强了性别刻板印象（gender stereotypes）。与女性相比，具有冷静客观、讲究实际个性的男性更受偏爱。这将会对男性和女性的薪酬产生连带效应，强化了在商业领域性别工资差异。

实验所带来的商业启示

检查下自己是否太具有亲和力了。大五人格（The Big Five）通常被心理学运用以评估性格倾向。在网上快速搜索一下，你就会知道如何进行自我评估。

或者，你也可以叫其他人来为你的亲和力打分。在《个性和社会心理学》杂志上的一项研究中，个体被问道："你感觉自己的亲和程度为多少，1 表示好争论的，5 表示有亲和性的。"

如果你觉得需要对自己具有亲和力的个性做一些调整，你可以采取以下几个步骤来改变自己的行为：第一步就是要理解只有亲和力和有礼貌这两者之间存在着微小但却重要的区别。你可以展现出难相处的个性——挑战的或批判的，但不能没有礼貌。

如果有这方面困扰的话，接下来你要决定将要做什么。假如你目前在亲和力方面的得分很高，思考一下自己是否对他人的计划和建议太过服从了。如果是这样，你可以争取更多的提供建设性反馈建议的机会。找到适合自己的风格——一种坚定却不咄咄逼人的风格。假如你目前在亲和力方面的得分很低，思考一下你的行为是否有可能正对其他人产生着不利的影响，请他们针对这点为你提供反馈建议。你很有可能还是像过去一样直接、有效，但可以试着比过去展现出更多的亲和力。

—— 你可以对此说些什么 ——→ 101 BUSINESS IDEAS THAT WILL CHANGE THE WAY YOU WORK

"他太和蔼了，因此无法在这方面取得成功。他必须变得严厉些。"

"我知道我们都认为她太过专横了，但是我们是否在公正地评判她呢，我们对她所用的标准和我们评价男同事的标准是否一致呢？"

"我们不应该让那些难相处的人在每件事情上都逃脱惩罚。我们还没有找到任何证据能说明刻薄顽固的个性能使你在工作上表现得更加出色。"

实验 8
为什么情感的支持对于成功至关重要

每当人们回忆起他们成功的事业时，总是将成功归因于自己获得的情感支持，而不非他们得到的专业技术建议或训练。

家庭……

关于实验

来自美国阿巴拉契亚州立大学、波士顿大学和波士顿学院的研究人员想要找出能使事业成功的真正因素。他们将棒球运动选为测试对象（这种体育运动与大型机构中的团队非常相似——尤其是团队规模、等级关系，以及个人表现和团队表现之间的平衡），研究人员对 1956 年~2005 年入选大联盟棒球名人堂（棒球职业生涯成功的顶峰）的 62 名选手所做的入选演讲进行了分析。

分析名人堂入选者的入选演讲内容得到很大的启发。在 63% 的案例中，入选者都强调朋友、家人的支持的重要性，这种情感支持是他们职业生涯取得成功的关键因素，而只有 37% 的入选者认为训练或更具实质性的帮助对他们的成功起着重要的作用。对职业成功产生作用的因素按照重要性排列：亲情、友情、来自同伴的示范作用以及训练。

这项研究还发现了最杰出的棒球运动员（那些在第一轮投票中就被选入名人堂的运动员）和其他名人堂入选者（在后面几轮投票被选入名人堂的运动员）之间存在的差异。研究人员将这些差异看做是运动员成就的代表（前者获取的成就最高），他们发现与在后面几轮投票中被选入名人堂的运动员相比，第一轮的入选者不仅获得了更多人的支持和帮助，而且给予他们帮助的人来自于更大范围的社群（比如，棒球领域之外的人），同时他们从支持网络中，获得了更多的工作上的帮助（比如，训练），以及情感上的支持（比如，友情）。

其他研究中还证明了强大的社交网络对健康状况产生的巨大作用，这项实验同样支持该结果。比如，实验显示当人们处于紧张的环境中，如果身边有非常亲近的人陪伴着，他们的血压和心跳升高得更慢。2010 年发表的一篇论文对世界各地超过 300 000 人的 148 项实验数据进行了分析，发现与那些有着强大的社交网络的人相比，那些社交网络相对薄弱的人（比如，朋友更少）在研究后的 7.5 年内，死亡的概率要比社交网络强大的人高出 50%。

为什么这很重要

各个企业都对员工发展和绩效评估非常重视。这些评估都几乎一致地从个人的角度上来审视。员工发展通常被看做是相关个人应当承担的责任。他们必须在某个领域或某个部门，提高一项特定的能力或获得特定的经验。同样地，绩效评估也主要关注在特定的一段时间内个体的成绩或不当行为。强大的社交网络和职业成功之间存在着明显的联系，这提醒管理者必须要从一个更全面的角度来看待员工发展和绩效评估，必须考虑到那些与相关个人非常亲近的人对他产生的影响。谁是他的家庭成员，他的朋友，他的直接领导，他的职业经理，他的导师，他的同事，所有这些人都将对他的职业成功产生巨大的影响。

实验所带来的商业启示

在你的机构内部实行一种伙伴制度，将那些在不同领域工作的，通常不会在工作上有很多合作的人员两两配对。

找到一位在不同工作领域工作的职业导师。他们截然不同的视角可以帮你上升到日常工作以上的高度，使你的视野更加开阔。

真正地把自己的朋友和家庭放在首位——而不只是说说而已。他们不仅是给你带来快乐的关键，对于促进你的职业成功也起着至关重要的作用。

—— 你可以对此说些什么 ——→ 101 BUSINESS IDEAS
THAT WILL CHANGE THE
WAY YOU WORK

"他在家里遇到了一些麻烦，我们应该竭尽所能地去支持帮助他。"

"我不想把我生命中的所有时间都花在工作上，我更想花时间和朋友、家人待在一起。"

"我想要一位对我的职业一无所知的职业导师。"

实验 9
你的意志力是宝贵且有限的

决定疲乏是一个真实存在的危险问题。

关于实验

在对以色列假释裁决委员会做出的 1 000 多个假释裁决进行研究后，研究人员发现耗尽"意志力"可能会产生灾难性的影响，这个过程又被称作"决策疲劳"（decision fatigue）。在三分之一的案例中，裁决委员会同意了囚犯的假释要求，但是假释决定的波动性却令人吃惊。早晨出现在裁决委员会面前的囚犯中，大约 70% 的人可以获得假释，而晚上出现在裁决委员会面前的囚犯中，只有 10% 的人可以获得假释。在对裁决人员的进食习惯进行分析后，研究人员发现了进食习惯与假释决定之间有着令人担忧的关系。裁判官在进食不久后，同意囚犯假释的比例要高得多。正如研究人员总结的那样，法庭判决可能受到外部变量的影响，比如，吃过食物之后，但这些变量根本不应该影响法律决定。

为什么这很重要

心理学家罗伊·鲍麦斯特（Roy Baumeister）和科普专栏作家约翰·提尔尼（John Tierney）对这个惊人的发现提出了假设，并由此提出"自我"概念（ego）或"决策疲劳"概念（decision fatigue）。他们提出意志力——决策过程中需要的东西，就好比肌肉一样，经常使用，会使意志力疲乏甚至耗尽所有意志力，导致自我疲乏（ego fatigue），这将危害决策。意志力在各种情况下为我们提供帮助，比如在节食的时候帮助我们进行自我控制，控制并调节我们的思维和情绪。当意志力消耗殆尽的时候，我们会丧失自我控制的能力。

实验所带来的商业启示

意志力需要燃料才能存活，而它的燃料就是葡萄糖。当决策疲劳出现时，血糖就会降低。我们所吃的食物对意志力的调节具有非常重要的影响。能够迅速地转化为葡萄糖的食物（比如甜食和白面包）可能引起血糖大起大伏，缓慢地转化为葡萄糖的食物（比如坚果或生的水果）释放葡萄糖更慢、更稳定。

睡眠对于储存意志力也起着重要的作用。试着睡一个好觉并吃得好些显然只是战斗中的一部分。你需要仔细地衡量在一天中，要做出多少重大决定，在什么时候做这些决定，否则你很可能遭受"自我疲乏"之苦，然后做出非常糟糕的决策。

你可以对此说些什么 ——→ THAT WILL CHANGE THE
WAY YOU WORK

"让我们把不重要的决定从会议日程中移除——我们需要节省精力来更好地解决那些棘手的问题。"

"我对自己的工作已经厌倦了，这份工作一直都是久坐不动。为棘手的问题做决策已经耗尽了我所有的精力。"

"为这次会议准备一些健康食品，如水果——这有助于振奋精神，确保大家的葡萄糖以稳定的方式释放。在会议上吃些健康食品能够帮助人们做出明智的决定。"

实验 10
稍微落后一点的积极影响力

稍许比竞争对手落后一点，可以为你提供动力，并战胜对手。

关于实验

在一场竞赛中落后肯定不会是一件好事。然而，来自于沃尔顿商学院的乔纳·伯杰（Jonah Berger）教授和来自于布斯商学院的德温·蒲柏（Devin Pope）教授却通过一项具有启示性的研究完全地颠覆了这种近乎不言自明的真理：在某些情况下，个人、小组和团体在比赛中的某个时间落后于竞争者时，落后实际上可以为他们提供强大的动力。与始终保持领先相比，在这种情况下他们获胜的可能性会更大。在对 18 000 多场全国篮球协会职业比赛（NBA）的数据进行分析后，研究人员发现，在中场休息时间，落后对手 1 个比分的团队获胜的可能性要比领先 1 个比分的球队更大。这些研究发现与他们分析 45 000 多场大学篮球比赛得出的结果相似——尽管没有那么显著。另外，在实验研究中，他们发现当参与者们在进行不断重复的打字比赛时，如果告知他们"稍稍落后"于竞争对手，可以提高他们的努力程度。在对打字比赛的实验中，研究人员成功地展示了，与那些自我效能（相信自己可以实现期望的信念）较低的人相比，"稍稍落后"的积极影响力在自我效能比较高的个体身上表现得更加明显，尽管在两种参与者身上，这种积极影响力都表现了出来。

为什么这很重要

在商业活动中，了解如何激励他人是一项非常重要的能力。在试图通过生物科学和社会科学领域最新发现的三棱镜解释人类的动力时，两位来自哈佛商学院的教授——保罗·劳伦斯（Paul Lawrence）和尼汀·诺瑞亚（Nitin Nohria），指出了人类所拥有的四种基本动力：获取目标和经历的动力；与他人在互利互惠的基础上交往的动力；了解自己以及自己生活的世界的动力；保护自己以及自己亲近的人的动力。其中最后一种动力与伯格和蒲柏的发现相一致，这体现在我们试图通过竞争来捍卫我们自己的东西。

实验所带来的商业启示

玩心理游戏。也许这不是一个可以一直使用的技巧，但是有时候，让你的团队或者杰出表现者知道他们"进度稍有点慢"或者"某某最近的表现要稍稍超过他"，也许可以为他们提供非常棒的激励。

保持实事求是。你要激励的这个人真的只是稍稍落后而已，只有在这种情况下才能产生激励作用，真正实现他们的目标。记住这一点至关重要。如果提出的目标根本无法实现，反而会导致相关当事人失去动力。如果他们无法实现这一目标，他们就会质疑自己的能力。

── 你可以对此说些什么 ──→ 101 BUSINESS IDEAS
THAT WILL CHANGE THE
WAY YOU WORK

"另外一个团队的销售业绩要比我们团队的优秀，但是我们还有时间

可以赶超他们。我们一定能够做到！"

"你可以扭转局势。我相信你！"

"我们不能自满。我知道，我们目前的性能指标非常健康。但是如果我

们有任何懈怠，我们就会被赶超。其他的部门正在以加倍的努力奋斗着。"

实验 11
关于规划的谬误

你认为读完这章需要花费多长时间？

关于实验

在最早的一项试图量化规划失误
（planning fallacy）（这个术语是由行为经济学家丹尼尔·卡尼曼和阿莫斯·特沃
斯基所创造）这一现象的研究中，心理学专业的本科学生们被问及，完成他们
的毕业论文需要花费他们多长的时间。学生们对完成时间做出的均值预测为
33.9 天，然而他们最终完成的时间则是 55.5 天。在这项 1994 年所做的研究之后，
有更多的实验全面地展示了，在预测某项特定的任务需要多少时间完成时，人
们似乎普遍都会失败。从加拿大的纳税者，到日本的学生，再到工业领域的科

研项目，在任何背景下所做的研究都得出了一致的结论，那就是我们总是会高估自己完成某项任务的速度。

为什么这很重要

古人有云，时间就是金钱。但是我们似乎并不擅长评估时间。对于我们为什么会屈从于"规划失误"，研究人员给出了以下两种假设。

第一种假设是所谓的"内部—外部"观念。这种假设是指当我们在预测自己要花多少时间完成某件事情时，我们总是会孤立地预测完成这件事情所需要的时间，而没有将可能影响完成进度的其他因素考虑进去。比如，一个团队要对某项产品的客户态度做出一份报告可能要花费 5 天的时间，但前提是他们投入了全部的工作时间，不被任何事情分散注意力。如果将这个任务与外部的因素结合起来，比如同时推进的项目，带薪年假，生病请假，等等，那么这 5 天很可能会延长至 10 天。起初的预测是错误的，因为它建立在对任务的内在看法上，即假设在外部世界中，没有发生任何事情。

第二种假设指出，导致"规划失误"的原因在于规划的本质，即它会鼓励我们朝着未来看。因此，回顾过去对于我们而言就变得更加困难，在过去之所以总是有很多任务要比预测的所花时间更长，是因为我们太过专注于未来了，从而忽略了这个重要的历史信息。

实验所带来的商业启示

预测一下你的出错率。下一次当你对任何事情可能花费的时间做预测前，从重要的战略规划到完成一份报告，确保你对自己的规划失误出错率进行了彻底的分析。对你必须完成的任务列出一张清单，预测一下做完这些事情需要花费多长时间。然后，追踪一下完成这些任务真正花费的时间，拿实际完成时间与预测时间作比较，得出你的预测误差率。现在，当下一次你被要求预测时间跨度时，根据你的直觉，把你的预测误差率考虑进去。这样的程序被用在各个行业，比如建筑行业。乐观偏差（optimism bias）比例通常被应用到预测时间跨度上，以此纠正规划失误。

你可以对此说些什么 ——→ THAT WILL CHANGE THE
WAY YOU WORK

"你对最后期限的预测太过乐观了，这样一定陷入了规划失误中"。

"你的计划错误率为多少？"

"还记得建造那座桥花费的成本超出了预算，建造的时长也比所预测的多两年吗？这又是一个'规划失误'的例子。"

101
BUSINESS IDEAS
THAT WILL CHANGE
THE WAY YOU WORK

第2章
关于职场生存的实验

实验 12
保持诚实才是获得心仪工作的捷径

我就是我。

在面试中保持诚实和坦率将会帮助你而不
会阻碍你。

关于实验

这是一个经典难题。你打算到一家世界一流的公司去面试。它的宗旨是竭尽全力地为客户服务，并以股东利益最大化为目标。你知道，如果你可以获得这家公司的这份工作，那将会是非常棒的职业提升，但是同时你也知道你自己的个人价值观和该公司的价值观有所不同，另外，你目前所拥有的技能也和这家公司通常所期盼的技能有所偏差。在面试中，你会假装自己就是为了为这家公司工作而生的，还是坚守自己的原则，对于你的价值和你的技能做出坦率的回答。

来自伦敦商学院的丹尼尔·凯博（Daniel M. Cable）和来自于位于教堂山的北卡罗来纳大学的维吉尼亚·凯（Virginia S. Kay）所做的研究指出，每一次，后一种选择（被称作"选择自我认同"）总是会取得胜利。研究人员选择了 146位 MBA 学生作为研究对象，然后对他们的职业发展进行追踪，追踪的时间从他们成为 MBA 学生开始直到他们第一次进入就业市场为止。研究人员搜集了学生们入学前的面试录取评估、最终成绩的平均绩点以及几项自我评估的数据（在一个等级尺度上询问学生问题，比如"我认为我的雇主知道我是一个什么样的人这点非常重要，即使这意味着他们会知道我的缺点"，以及"我喜欢做我自己，而不愿意试着去表现出别人所期望的样子"）。这项研究测试了个人在他们的职业生涯中自我认同的倾向。

研究人员不仅没有发现自我认同和候选人获得的工作机会之间存在着明显的关系（换而言之，诚实地说明自己的信念以及自己的技能并不会降低你获得某份工作的几率），而且他们还发现了真实地对待自己有着出人预料的好处。

为什么这很重要

通过对 MBA 学生的研究，以及对 208 名寻求国际教育职位求职者的进一步研究，研究人员发现自我认同的个人获得了更高水平的工作满意度，他们对自己所从事的工作也更加具有奉献精神，管理人员对他们的打分也更高。而且，对于商学院的面试官而言，他们更容易预测那些对自己更加坦率的考生的未来职业表现。

凯博和凯对于为什么自我认同者拥有更好的工作结果，提出了这样三个理由：首先，通过坦率地说明自己的强项和弱项，自我认同者入选自己可以真正胜任的工作的可能性更大；第二，那些伪装自己真正个性的人可能创造出对自我的疏远，因此增加了情感耗竭的程度，这反过来又消耗了他们的能量，这些能量本应该用于工作表现方面；第三，那些自我认同者更可能最终在真正彰显他们自我价值的公司工作，因此有助于获得更加令人满意的工作经验。

实验所带来的商业启示

在寻找工作的时候，对于"你是谁"以及"你的信念是什么"要保持诚实。没有证据显示在这些方面保持诚实会降低你的职业前景，大量的研究指出事实可能正好颠倒过来：在面试中你越诚实，你获得工作并享受工作的可能性越大。

如果你觉得自己需要戴上面具去说服你想要为他们工作的人，那你会承担一定的风险，你的工作很可能是不满意的、不愉快的。

你可以对此说些什么 ⟶ 101 BUSINESS IDEAS
THAT WILL CHANGE THE
WAY YOU WORK

"真实地对待自己——诚实地并坦率地回答这些问题。"

"我们想要和诚实的人一起工作。如果你想要在这里工作，那么在面试中一定要保持诚实。"

"我的个人价值真的和这家公司的价值不匹配。那我为什么要为他们工作呢？这些理由足够好到可以让我冒着拥有不愉快的工作的风险吗？"

实验 13
6 秒钟找到梦寐以求的工作，可能吗

尽可能简化你的简历，因为没有人会长时间地阅读它。

关于实验

1962 年，苏联心理学家以及眼动跟踪研究的专家阿弗雷德·雅布斯（Alfred Yarbus）曾经写道："我们会注视什么地方不仅取决于我们所面对的东西上面显示了什么，而且取决于观察者关注的问题，以及他希望从他的观察中获得的信息"。换言之，我们会注视什么地方取决于我们期待在那个地方找到某个东西。现在，这一说法已经非常普遍了，但是我们却很少去仔细思考它的实践意义。

为什么这很重要

举一个例子，在某个行业中的观察者往往时间有限，却从不缺乏心甘情愿被观察的个人，这个行业就是人才招聘。招聘人员往往会收到大量的简历，他们需要进行筛选以找出潜在的候选人，但是他们由于时间有限而无法有效地进行筛选。那么面试官会如何有效地安排自己的时间呢？在筛选简历时，他们会寻找什么呢？位于纽约的一家人才招聘公司——Ladder公司使用眼部跟踪技术进行了一项实验，在十个星期的时间内，对30名招聘人员如何筛选简历进行了追踪。令人有点担忧的是，这项研究发现招聘人员在每一份简历上平均花费的时间是6秒钟（平均数为6.25秒钟，中位数为5.3秒钟）——不管是纸质的简历还是来自网络的。在这短短几秒钟的时间里，招聘人员会花其中80%的时间注意以下几项：

- 求职者的姓名；
- 现在的公司——职位；
- 之前的公司——职位；
- 目前公司任职的起始时间；
- 过去公司任职的起始时间；
- 教育背景。

实验所带来的商业启示

如果你正在寻找一份工作，那么确保你的简历简单明了是非常重要的。由于大多数招聘人员在每份简历上花费的时间非常少（这意味着你的大部分成就不会被读到），他们会直接寻找上面列出的那六点，然后通过这些内容形成对你的评价，因此，你的简历一定要突出他们所寻找的那些关键信息。

如果你的确有一个特别不同寻常的、特别值得一提的经历，但又不是很容易地被纳入上面提到的六点中，如你是奥运会的金牌获得者，或者你还是青少年时期就卖出了自己的第一家创业公司获得了上百万英镑，那一定要确保这些出现在非常明显的地方，要么出现在简历的最顶端，要么嵌入在六个重点领域中，否则在招聘人员匆匆忙忙阅读时，很可能会将它忽略掉。

—— 你可以对此说些什么 ——→ 101 BUSINESS IDEAS THAT WILL CHANGE THE WAY YOU WORK

"我需要尽可能使我的简历保持简练，让招聘人员容易阅读。"

"我需要使自己的简历看起来简单、整洁——毫无关联的信息只会浪费招聘人员评估简历的宝贵时间。"

"你不应该冒险使用新颖的设计格式。招聘人员习惯在标准的地方寻找信息——如果你把这些地方颠倒过来，他们将无法知道从哪里寻找这些关键信息。"

实验 14
海外工作经验对晋升究竟有多大好处

对首席执行官的职业轨迹所做的研究显示，那些曾在海外任职的人，晋升到顶层职位所需的时间更长。

关于实验

来自法国鲁昂高等商学院以及西班牙 IE 商学院的研究人员对欧洲 500 强公司以及美国 500 强公司首席执行官的职业轨迹进行了分析，他们试图探索海外经验对职业发展产生的作用。平均而言，首席执行官通常是在开始从业之后的第 25 年被委任这一最高职位。然而，在所有分析中，有 32% 的首席执行官拥有海外任职经验，他们开始从业到获得首席执行官的时间要比其他人长两年。

为什么这很重要

根据常识，多元化的经历是在职业上获得成功的关键。这可能是正确的。但是这项研究并没有指出拥有国际经验会使首席执行官的工作表现变糟或使他们的任期缩短。对于每一个雄心勃勃的人都会高度重视的一个因素——时间而言，很明显，到公司的国内总部以外的地方任职，将会延长你晋升至最高层职位的职业道路。这也支持了更早一项的研究，该研究认为一个人离公司的社交网络中心越近，他的职业发展和晋升也就越快。根据哈默利（Hamori）和科云朱（Koyuncu）的观点，接受海外任职的最佳时间似乎是在你的职业刚刚开始的时候（在最开始的 5 年之内），理想的话，海外任职应该在一年之内。

实验所带来的商业启示

对于组织机构而言，要加强对海外任职人员的职业管理，确保他们在远离国内机构的时候，和总部保持密切的联系。在国内总部任命一位职业经理，可能会对此有所帮助。

对于员工而言，除了要仔细思考什么时候选择去海外任职以外，还要向你的雇主明确表达自己对于被"遗忘"的担忧。如果你海外任职的任期很长，一定要确保你对公司给予你的长期职业规划是满意的（首先，你自己要有一份职业规划）。

你可以对此说些什么 ⟶ 101 BUSINESS IDEAS
THAT WILL CHANGE THE
WAY YOU WORK

"我在海外办事处时，公司会以在公司国内办事处同样的方式评估我的职业发展吗？如果是，那么在这个方面，我可以得到哪些保证？"

"我不会接受任何超出一年时间的海外任职。"

"我理解，接受海外任职可能会使我的职业发展放慢脚步，但我相信，比起以最快速的方式攀爬职业阶梯，我更加珍视在不同的文化中工作所获得的经验。"

实验 15
出勤率很重要

尽管你事实上并没有和任何人进行互动，良好的出勤率仍旧会给老板们留下一个好的印象。

关于实验

随着上下班的交通耗时日益增长，创建一种更加健康的工作—生活平衡的愿望越来越强，上班的父母渴望实现弹性工作制的愿望越来越强烈。在过去的二十年内，公司已经在竭尽全力地告诉自己的员工真正重要的不是你花费的时间，而是交付的产量。然而，《人类关系》杂志（*Human Relations*）2010年年度文章中所做的研究指出，经理和同事仍旧会无意识地根据在办公室所花费的时间来做出特质推断（trait inferences），换而言之，就是对个体做出评价。正如你可能猜到的那样，正是那些在办公室待到最晚，工作时间最长的人获得了最被肯定的评价——即使他们在办公室并没有做任何真正有价值的事情。

为什么这很重要

这项研究的实施者区分了两种不同类型的被动见面时间（之所以标注为"被动"，是因为在当时你并没有和任何人产生互动）。

- 工作时间——只是在标准的办公时间在上班
- 工作时间以外的时间——在标准的工作时间以外上班，比如深夜、清晨或周末。

在这项研究中，研究人员要求来自不同行业的经理人员对员工进行评估，他们的评估建立在关于员工的描述上，描述中通常包含了这些员工的工作时间或工作时间以外的时间的相关信息。研究的结果非常明显：与那些在工作时间没有出现在办公室的人相比，那些出现的人被经理们评价为"可靠的"或"有责任意识的"可能性高出9%；在工作时间以外的时间出现在办公室的员工被评价为"恪尽职守的"或"有奉献精神的"可能性高出25%。

在这项研究中，为经理们提供的员工描述中没有包含一个关于个体的"可靠性"或"奉献精神"的明确信息，因此，我们可以假设经理们所推断出的这些特质是根据员工的工作时间或工作时间以外的时间得出的结果。从而我们可以得出这样的结论——有可能是出于潜意识，我们会给出勤的员工品行加分。如果他们在办公室呆得越晚，那么他们获得的品行加分就越高——尽管事实是，没有证据可以显示被动的见面时间真的能够促进业绩的提高。

实验所带来的商业启示

经理和同事应该在心中记住"潜意识的、自发的特质推断"的危害性。你的自然机制会做出这样的假设，即在办公室待得越晚的人就是工作努力的员工，但事实并不一定如此，你应该要提防这种潜在的偏见。

公司应该确保员工评估不仅仅依靠对行为或特质的量化描述，因为量化的描述很可能会导致偏见。相反，评估应该尽可能客观，根据员工的产量进行评价，关注输出而不是输入。

尽管如此，员工可能仍会将这项研究中所了解到的这种潜在偏见牢记于心。尽管老板们口头上会说不关注员工的出勤，但是在对个体的表现进行评估时，一些偏见是在所难免的。这些偏见可能是由你的出勤所导致的。你也许应该在这个方面做得聪明点，老板在的时候，准时出现在办公室。当他们不在的时候，早早地回家！

你可以对此说些什么 ——→ 101 BUSINESS IDEAS
THAT WILL CHANGE THE
WAY YOU WORK

"所有员工的评价都应该建立在他们的产出上。在每一年年初的时候，我们需要为每个人设定目标，这些目标应当建立在表现上而不是建立在工作时长上。"

"我的经理这个礼拜不在公司。这可能是在家工作的最好时机了。"

"我并不在意'工作时间'的评价偏见——我认为在工作时间，大家都应该待在办公室上班。"

实验 16
请假会影响你的职业晋升吗

请假可能会危害你的职业前景。

关于实验

迈克尔·朱迪希（Michael Judiesch）和卡伦·莱尼斯（Karen Lyness）为了解请假对职业前景产生的影响，对一家金融服务公司中近 12 000 名经理的职业发展进行了追踪。在参与调查的所有经理当中，523 名经理请了跨年的假期（其中大约 90% 是女性——最有可能是请产假），其中有的经理请假的长度为 2 个月，这是所有请假的经理中请假时间的中位数，而最长的请假时间为 18 个月。在他们假期结束回归岗位之后，这些经理又被追踪了 30 个月，以了解他们的薪资水平和晋升机会。在排除了诸如性别、年龄、教育、资历和任期长度等因素之后，研究人员发现，在调查的这段时间里，这些请过假的经理与没有请过假的经理相比，获得晋升的机会要少 18%，他们赚的钱也要比没有请过假的人少 8%。

研究人员更进一步发现，虽然由于性别或请假长度带来的影响并不是很明显，但是请假的频率的确会对职业前景产生重大的影响。一个人请假的次数越多，越可能对他的晋升前景和薪资产生负面的影响。

为什么这很重要

关于请假的员工获得的惩罚，研究人员提出了两种推断并解释其中的原因：第一，请假说明了他们对雇主并没有尽心尽责；第二，请假导致了他们在职技能方面的降低。就第一点而言，该实验的研究人员在后来发表的研究论文中指出，似乎存在一些证据——24%因"家庭原因"而请假的经理中，在回归工作之后，离开了他们原先的雇主（相比之下，在相同的时间周期内，在不请假的经理当中，只有17%的跳槽率）；而对于第二点，莱尼斯和朱迪希所做的研究显示，与没有请假的经理相比，那些请假后回归工作的经理在业绩评估方面得分更低。然而，与获得相似的表现评分的人相比，请过假的人获得晋升的可能性更小，与没请过假的人相比，他们能拿回家的工资也更少。

实验所带来的商业启示

在很多情况下，请假是不受人们主观控制的。研究发现，70%的请假原因是出于需要接受医疗，员工因此而受到惩罚看起来是非常不公平的。我们需要注意以下几个重要方面。

雇主应该意识到请假的员工可能面临着潜在惩罚。当然，在有些情况下，员工可能因为对自己的工作没有责任心而经常性请假，但是在有些情况下，请假只是出于不可避免的原因——比如请产假。重要的是，雇主不应该把请假看做是评估表现的代表性指标，应该基于员工的真实表现来进行工作评估，而不是计算雇员请了几天假。

同时，雇主也应该尽力帮助那些请了长假的人，对他们进行再培训。如果员工因为职业中断而导致表现变差，这并不意味着雇主应该袖手旁观，任之发生。当员工再次回到岗位以后，公司应该采取积极的态度，采取措施降低请假可能对员工表现带来的不利影响。

另一方面，员工应该提防请假可能带来的危害，在重新回归办公室的时候，确保自己已经做好充分的准备，整装待发。

你可以对此说些什么 ⟶ 101 BUSINESS IDEAS THAT WILL CHANGE THE WAY YOU WORK

"你不能只是因为他请了假，就认为他没有对我们尽心尽责。我们应该根据他的表现而不应该根据他投入的时间，来对他进行评价。"

"我非常担心请假会使我的职业生涯受挫——我必须确保，当我重新回归岗位的时候，我已经做好了充分的准备。"

"请假并不是非常理想，但是对就业前景而言，它仍然要比完全的职业中断更好一些。"

实验 17
阿谀奉承与职业晋升

如果经常使用奉承和逢迎的手段，那它对他人的影响是非常强大的。

关于实验

针对 300 家随机选择的美国大中型工业公司和服务公司的 760 名外部董事进行了一项研究调查,该研究旨在理解是什么因素推动了董事会中的职业成功(在这项调查中，职业成功被定义为个人获得多份董事会的任命)。分别来自美国密歇根大学和西北大学的詹姆斯·韦斯特法尔(James D. Westphal)和伊泰·斯特恩(Ithai Stern)对董事会网络中所表现的三种行为特征特别感兴趣——换句话说，就是指董事们对待同伴们的态度。这三种行为特征包括：逢迎型(比如，表示对个人的青睐),监控和控制型(比如，对管理提案提出建设性的批评)以及提供建议和信息型（在战略性事务上提供帮助）。

在之后的调查中，研究人员在接下来的两年时间内对这些参与者的职业情况进行了跟踪，主要关注当他的同伴成为提名委员会的一员或成为首席执行官之后，被调查者被提名为董事会人选的时间。研究发现，当他的同伴成为首席执行官或成为提名委员会的一员时，至少有 169 名外部董事被任命为公司的董事，另外：

对于那些表现出监控或控制行为的董事而言，如果他的同伴成为董事会的一员时，他被任命为该董事会成员的可能性比较小；

对于那些表现出建议和信息提供行为的董事而言，他们被自己的同伴提名的可能性有小幅的增长；

对于那些表现出逢迎行为的董事而言，他们获得同伴的董事提名的可能性提高了 70% 左右；

女性或少数族裔的董事被任命为董事会成员的可能性比较小。

为什么这很重要

这项研究不仅突出了在董事甄选过程中存在着令人担忧的不公正现象，同时它也反映出奉承逢迎的强大力量。那些没有给自己的同伴提供特别有帮助建议的董事，他们只是通过社交手段提高他们的人际吸引力，却从另一个人那里获得了好处。你可能会认为只有当逢迎是出于真诚时，这种情况才会发生（想一想，当你在商店试穿衣服时，不管你穿上什么，销售员都会说棒极了）。但是香港大学的一项研究却指出，即使被奉承者知道奉承的人对他的赞美并不真诚，可能出于外在的目的，但奉承仍旧是非常强大和非常有效的影响他人的技巧。

实验所带来的商业启示

如果你正在管理董事甄选过程，检查一下提名委员会成员和潜在候选人之间是否存在着明显的关系。仔细检查任命说明中的陈述——它们真的是客观的，以证据为基础的吗？

如果你是一位董事会成员，应努力克服任何性别和种族族裔偏见。对研究发现的一个假设是，逢迎对于女性以及少数族裔的成员来说，则并不是那么强大的工具。因为美国大多数公司董事会都是由男性白种人组成，来自外部人群的逢迎并不符合优势群体的标准。这可能意味着，在董事会中，非白人男性的意见并没有被很好地倾听。因此，要确保在董事会议室进行的关键讨论和决定时，每个人都是公平的，而不是像社会环境中的那样，女性或少数族裔通常没有什么代表性。

更具体一点，重新考虑一下你的影响方式，是更偏爱直言不讳富有挑战，而不是奉承逢迎？你是不是有时候发现自己的建议被忽略了？你可能需要在你的信息中添加一些逢迎的话，这样人们就可能对你（以及你的建议）更感兴趣了。

—— 你可以对此说些什么 ——→ 101 BUSINESS IDEAS
THAT WILL CHANGE THE
WAY YOU WORK

"一点点奉承也可以起很大的作用。"

"与其他影响技巧相比，逢迎是否具有更大的操纵性？"

"不要被他的逢迎所蒙蔽——他所说的真的有价值吗？"

实验 18
要想做到公司最高管理层，你必须成为一名通才

如果你拥有各领域的背景，那么你进入最高管理层的几率就会增加。

关于实验

你怎样才能晋升到管理层的职位？爱德华·拉齐尔（Edward Lazear）是美国斯坦福大学商学院的人力资源管理和经济学教授，他在 1997 年对斯坦福大学商学院的毕业生进行了一项调查。拉齐尔教授对其中的 5 000 名调查对象的职业生涯履历进行了分析。他将注意力主要集中在那些拥有至少 15 年职业经历的调查对象身上，他发现只做过两个（或更少）不同职位的人进入最高管理层的可能性只有 2%，相比之下，那些经历过至少五个不同职位的人，进入高级管理层的几率为 18%。

为什么这很重要

拉齐尔提出造成这一结果的原因在于"在一个组织中担任的职位越高，你将面临来自不同领域的各种问题的可能性也会越大"。就首席执行官而言，他认为"优秀的首席执行官是一个很在行的人，可能不是最出色的，但他对于每件事都很在行"。当你做过无数份不同的工作或担任过无数不同的职业后，你不可避免地会面临许多不同的挑战和问题——这种经验的多样性可以帮助你增强作为首席执行官所需的技能。如果你想要进入最高管理层，那么就一定要成为一名通才。

实验所带来的商业启示

当你在做职业规划时，如果你的目标是进入公司的最高管理层，或者更高层，思考一下如何能使自己拥有多样的、不同的工作经历。你不必在不同的机构担任不同的职位。如果你所在的机构非常庞大，看一看你能否调到其他部门工作，以获得不同的经验；如果你所在的机构相对较小，那么你可能要考虑一下伙伴公司是否能提供借调的机会。

你也应该考虑一下，你想成为哪种机构的领导。拉齐尔的研究指出，一个机构越庞大，它的活动越具有多样性，他们的领导所需的技能越全面。与研究所的所长或研究型大学的校长相比，公司的首席执行官所需要的背景要更广泛，技能也要更多。

—— 你可以对此说些什么 ——→ 101 BUSINESS IDEAS THAT WILL CHANGE THE WAY YOU WORK

"有没有合适的借调机会呢？"

"我对财务一窍不通。如果我想要进入公司的最高管理层，我必须要解决这个问题。"

"执行团队中的每一个人都是通才。我们必须确保高层团队中的人要理解这一点——在整个机构中，一些专业性的工作正在进行着。"

实验 19
为什么压力过大会导致决策失误

当你在重压之下做出决策时，
一定要当心了。

关于实验

神经学家曾证实，当我们处于压力之下时，我们的决策能力会受到影响。1987 年，一项对 100 多位男性和女性的研究实验显示，"与那些没有压力的人相比，处于压力之下的个人明显更倾向于在没有考虑所有备选方案之前，为计算机的决策问题提供解决方案，并且他们会以一种非系统性的方式审视备选方案"。换句话说，处于压力之下的个人更倾向于仓促地做出决定，在找寻解决方案时缺乏逻辑性的思考。

近年，荷兰乌得勒支大学所做的一项研究实验得出了相似的结论。在这项实验中，处于压力之下的人群更可能做出不明智的、具有风险性的决定。这项研究还指出，荷尔蒙皮质醇（hormone cortisol）可能是危害决策的关键变量。有趣的是，皮质醇会以不同的方式对男性和女性造成影响。对于男性而言，高皮质醇将会导致糟糕的、高风险性的决策；而对于女性而言，低皮质醇将会导致糟糕的、高风险性的决策。

为什么这很重要

在这个存在着持续不断的沟通和"保持工作状态"思维（参阅实验 31）的时代中，对压力水平的研究呈现出明显的上升趋势。2010 年，美国心理学协会（the American Psychological Association）做的一项调查发现，75% 的被调查者感觉自己压力很大，以至于对他们的健康产生了影响。而对于经理们而言，他们不断地受到传播媒介的烦扰，需要做出及时的决策。将该研究结果与之联系起来，"压力和好的决策是坏伙伴"这一消息就成了令人担忧的问题。

实验所带来的商业启示

那么你要如何与压力作斗争呢？ 1975 年，来自哈佛大学的赫伯特·本森（Herbert Benson）和米利安·科里佩尔（Miriam Klipper）写了一本深受欢迎的励志自助书籍《放松疗法》（*The Relaxation Response*），书中本森和科里佩尔详细阐述了一种简单，但是已在临床上得到证明的减压方法——深呼吸。深深的、集中精神的呼吸已经被证明能对心脏、大脑、消化系统和免疫系统产生影响。

如何将这些发现付诸实践。首先，查找出让你感觉有压力时的征兆——通常包括如心跳加速，胃部感觉不适或头痛等症状。

然后，开始使用一些放松技巧。找到一个可以独处的安静房间；舒服地坐下；深深地用力呼吸；闭上你的眼睛，在深呼吸的时候将所有注意力集中在一个词上。在十分钟的时间内，不断地在大脑中重复这个词，眼睛始终闭着，将注意力全部集中在深呼吸上。你会感觉到自己的压力没有那么大了。这将使你在需要对棘手问题做出决策时，处于一个更好的状态。

—— 你可以对此说些什么 ——→ 101 BUSINESS IDEAS THAT WILL CHANGE THE WAY YOU WORK

"我决定开始每天写日记，记下我每天的感觉，这样我就可以从中查找出我感觉有压力时的警示信息。"

"放松一下，深呼吸。"

"我需要一些时间来独处，以释放压力。我需要找到一个适合放松的房间或地点，远离那些窥探的目光。"

45

实验 20
为什么在职场中的女性不可以轻易发怒，而男性却可以

女性在工作场所表现出愤怒会受到惩罚，而男性做出相同的事情却会受到崇拜。

关于实验

来自美国耶鲁大学的维多利亚·布雷斯科尔（Victoria Brescoll）专门从事商业领域的性别刻板印象研究实验，这是一项既吸引人同时又具有争议的研究。在 2008 年，她发表了一篇论文，对她所做的三项实验成果做出了总结。实验说明了，与男性相比，女性在工作场所表现愤怒会受到多么不平等的惩罚（在布雷斯科尔的实验中，这种惩罚表现为两个方面，即能力和预计获得的薪资）。让我们将布雷斯科尔的研究和另一项研究做一下比较，思考一下斯坦福大学所做的一项臭名昭著的实验。在这个实验中，参与者观看了比尔·克林顿总统在莫妮卡·莱温斯基丑闻当中两段截然不同的视频。在第一个视频片段中，克林顿对自己的行为表现出难过和悔过，而在另一个视频片段中，克林顿因为自己的行为受到调查，表现出明显的愤怒。与那些看过"悔过视频"的参与者相比，那些看了"愤怒视频"的参与者更有可能提出，克林顿应该继续担任总统。貌似，人们认为对于男性而言，愤怒是力量的表现；而对于女性而言——正如布雷斯科尔的研究显示的那样，是不理智和软弱的表现。

为什么这很重要

尽管存在许多有关公平机会的法律和法案，在工作中，歧视性的性别刻板印象依然存在。2012 年，布雷斯科尔团队完成的另一项研究实验中证明了女性首席执行官的健谈也常常遭受刻板印象带来的偏见。在此项实验中，参与者被要求对四位首席执行官（虚构的）的表现进行打分，评分范围为 1 到 7 分。研究参与者对他们的能力评分如下：健谈的男性总裁（5.6 分）；健谈的女性总裁（5.1 分）；安静的男性总裁（4.8 分）；安静的女性总裁（5.6 分）。根据实验结果，女性安静的时候被认为是最有能力的，如果与他人的沟通很多，就被认为是能力最差的。对于男性而言，结果恰恰相反。

实验所带来的商业启示

承认存在刻板印象。很明显，首先，要战胜歧视性的性别刻板印象的一个有效的方式就是要揭露这种现象。公开地提醒自己的员工有刻板印象的存在可能会有所帮助（尽管这样做也有潜在的风险——参阅实验 96）。这个问题似乎没有快速的解决办法，还需要长期的文化转变。

直面这个问题。短期来看，从事实的角度处理这个问题可能是最好的选择。女性可能会因此认清在工作场所表现出来的愤怒——即使她们打算（不管有意识还是无意识）展现自我的力量，通常很难被接受，反而会被看做是软弱的表现。男性如果想在这个问题上考虑使用权术，他们可以考虑不时地表现出一丝愤怒，这可能被解读为力量和信念的标志。

你可以对此说些什么 ———→

"什么时候是我最后一次用刻板印象来看待某个人呢?"

"解开以下谜题:一位父亲和他的儿子发生了一起非常严重的交通事故。他的儿子被送到了医院,需要紧急手术,而这位父亲还处于昏迷之中。然而,那位外科大夫,一看到病人就说道:'我不能为他进行手术,因为他是我的儿子。'这怎么可能呢?你的答案揭示了怎样的性别刻板印象呢?"

"他对这件事情非常愤怒。他并不是意志坚定,而是非常不理性。"

实验 21
设立的目标越多,实现的几率就越小

为自己设置多个目标,只会降低你实现这些目标的几率

关于实验

任何有自尊心的教练都会告诉你,要实现目标,你必须要弄明白自己想要什么,设定代表你的愿望的目标,为实现自己的目标制订一个计划,然后成功地遵循自己的计划。这听起来很简单。然而,来自于中国香港大学的艾米·道尔顿(Amy Dalton)和美国加州大学洛杉矶分校的史蒂芬·施佩尔(Stephen Spiller)所做的研究指出,至少对于消费者来说,为多个目标做计划只会降低实现目标的能力。运用田野实验以及实验室实验,他们发现当参与者需

要完成一件特定的任务（比如，明天午饭的时候在自助餐厅吃一份低脂沙拉），只对这项任务进行计划不仅能提高他们去这么做的责任感，还可以提高他们完成这项任务的可能性。相反，如果参与者有多项任务需要完成，并对每一项任务都做了计划的话，实际上会降低他们的责任感和实现目标的可能性。

为什么这很重要

研究人员提出了这种假设：事实上，计划不能帮助人们克服可能遇到的障碍并获得成功，相反它会使人们将注意力集中在所有阻碍成功的障碍和挑战上。因此，制订过多的计划，会使人们对前面的困难心理负担过重。有趣的是，实验发现当人们拿自己的待办事项和其他人的做比较时，这种对负担的恐惧感会减轻。因为他们觉得事实上，他们的行动列表要比他们原先想象的要可掌控得多。我们如何评估自己的待办事项的难度取决于我们如何看待其他人的行动列表。

实验所带来的商业启示

将你的重要目标分解成非常小的实际行动。拥有一个"原目标"（比如，获得健康），然后用一个个小行动来实现这个目标（比如，今天吃一份低脂沙拉；今天晚上去跑步），这样做可能会对你有所帮助。

将详细的计划保持在最低的限度上——只为真正重要的事情制订计划。太多的计划会导致优柔寡断。如果你对某件事情过多地考虑，你就会把自己吓倒，反而不会去采取行动。

如果你觉得自己为了实现目标忙得一塌糊涂，那么拿你的待办事项与你的同事的或者朋友的待办事项作比较。意识到别人同样有很多事情要做，也许能够帮助你用积极的态度重新评估自己面临的挑战。

你可以对此说些什么 ⟶ 101 BUSINESS IDEAS
THAT WILL CHANGE THE
WAY YOU WORK

"我有数以千计的事情要做，但是，就目前而言，只有三件事情是真正重要的。"

"我知道做这些事情非常艰难，但是，坦率地说，我们大家都一样。"

"我发现行动列表和计划有一点让人分散注意力。只要我们确保自己说到做到，我们就不需要制订一个详细的项目计划来决定每一分钟都做什么。"

实验 22
帮助别人就是在帮助自己

那些大方地帮助他人的员工，在工作方面也更富有成效。

关于实验

美国斯坦福大学组织行为学教授弗朗西斯·弗林（Francis Flynn），想要研究一个由来已久的职场困境：在工作中，一个人是否应该同意帮助他人或请求他人帮忙，如果作出回应会产生什么影响？弗林教授对美国一家大型电信公司的 160 位工程师的工作模式做了调查，在分析了生产力数据和工作质量数据之后，他获得了一个出人预料的发现："如果雇员增加和自己的同事进行互惠交换的频率，而不是担心如何平衡互惠交换的程度，那么他们在地位和生产力这两个方面，都能有更大的收获。"

那些经常与同事进行互惠交换的雇员，同时也拥有着较高的社会地位（根据以下这些问题定义，比如"这个人在工作方面有多受人尊重"或者"在工作方面，这个人对于决策产生着多大的影响"），这一点不足为奇。然而，令人始料未及的是，那些经常与同事进行互惠交换的雇员，同时也是生产力更高的雇员（根据以下这些标准定义，比如完成的工作，完成的时间，所犯的错误以及赶上最后期限的比例）。尽管，两者之间的关系存在着非常有趣的细微差别，但对于经常互惠交换的雇员而言，当他们提供帮助和获取帮助的天平稍微向给予倾斜时，他们的生产力也达到了最巅峰。但需要注意的是太多的付出将会导致生产能力的降低。

为什么这很重要

对于在工作中向他人寻求帮助（或是认为"只有我应该对自己的工作负责"），或者同意寻求帮助的请求（或是"那是他们的问题，不是我的问题"）是否正确，很多人都存在着疑虑。但是弗林教授的研究却指出了你越经常地进行互惠交流，你越会受人尊重，生产能力也会越高——这是一个非常好的结合。弗林教授在摒弃了对这些发现的可能产生影响的因素，如那些更经常地和他人进行互惠交换的人在他们的工作岗位上做得更好，只是因为他们拥有更好的技能，还排除了其他因素，比如资历，在岗位上的工作时间以及教育水平。即使在排除了这些因素之后，互惠交换仍旧会带来生产能力的提高。弗林提出了两种假设来解释为什么会产生这种现象：第一，由于经常进行互惠交换，雇员们在互相帮助对方解决问题方面的效率非常高，同时也因互惠交换的过程非常迅速，不会占用自己的工作时间，从而形成了一个良性的循环；第二，雇员之间建立了信任，他们学会了一起解决更大的、更棘手的问题，于是他们越来越愿意团结起来，互相帮助对方解决难题，这就是众人拾柴火焰高。

实验所带来的商业启示

不要害怕向别人寻求帮助，这不会使你显得愚蠢，事实上这可能会提升你的社会地位。如果你询问了对的人，他肯定会愿意帮助你解决问题。

要慷慨地和别人分享你的时间。帮助别人可以增强你对工作中其他领域的洞察力，从另一个角度看，这可以使你对自己的工作拥有更全面的理解。你对于工作运行的方式了解得越多，当你面临一个你无法独自解决的难题时，你就越可能知道自己应该向谁寻求帮助。

尝试在提供帮助和寻求帮助方面保持平衡。过多地帮助他人会使你的生产力下降。过多地向他人寻求帮助可能会招致埋怨或者会让别人感觉你常常在发假警报。尽管一定要经常地提供帮助和寻求帮助，但是要策略性地选择和挑选互惠交换的时间。

—— 你可以对此说些什么 ——→ 101 BUSINESS IDEAS
THAT WILL CHANGE THE
WAY YOU WORK

"你可以帮助我解决这个问题吗？"

"我非常愿意帮你排忧解难。"

"我非常愿意帮助你，但是我现在真的要被最后期限给压垮了。不过，

我可以帮你联系其他人，他也许能帮助你解决这一难题。"

实验 23
为什么偶尔的咒骂并不是件坏事

很久以来，咒骂在工作场所都是一种禁忌，但是它却拥有令人意想不到的、强大的好处。

关于实验

正如哈佛大学心理学家史蒂芬·平克（Steven Pinker）指出的那样，很久以来，人们总是会对咒骂持不赞成的态度，将它视作攻击性或缺乏自律的表现。然而，尽管咒骂的词语遭人唾弃，但我们还是常常听到人们违反被期待的社会规范，说出这些话。平克在其发表在《新公众》杂志（*New Public*）上的一篇有趣的文章中，质疑了为什么咒骂语仍旧是禁忌，也展示出了咒骂对激发更高的情绪回忆产生强大的影响。咒骂词（至少对于说本族语的人而言）也可以通过奇怪的、个人的、神奇的方式对我们产生影响，目前为止对这种现象的理解仍旧很少。除了神经科学对人们说出这些词时大脑的反应做过实验并获得发现以外，并没有其他的研究。在理查德·史蒂芬森博士（Dr. Richard Stephens）带领下，来自于英国基尔大学的一组研究人员揭开了咒骂的积极影响：它有助于减轻疼痛，提高人们忍受疼痛的能力。这是一个非常令人惊奇的发现。

在这项实验中，64 名志愿者将一只手浸没在冰冻的水里，这一测试被称作"冷升压疼痛耐受性"（cold-pressor pain tolerance），与此同时重复着对这一选择的咒骂。然后，志愿者们重复了这个实验，但是这一次他们说出的不再是咒骂词，而是用以描述一张桌子的词语（比如，表面）。综合而言，当他们重复咒骂词的时候,他们可以在冰冷的水中忍受 2 分钟,而当他们不能说出咒骂词的时候,他们只能忍受 75 秒钟。因此,这项研究得出了这一结论,咒骂似乎可以提供一种减轻疼痛的（疼痛过敏的）效应。

为什么这很重要

基尔大学的这项实验发现出乎人们的预料。在此之前,人们通常认为咒骂会让事情变得更加糟糕,因为它鼓励人们将一个问题灾难化（比如,夸大并将注意力都放在问题上）。史蒂芬森博士指出,咒骂能够产生减轻疼痛的一个原因是它提升了人体内的进攻性,反过来这又减轻了疼痛感。咒骂似乎会产生逃跑还是战斗的反应,并且在这个过程中消除了恐惧疼痛和疼痛感知的关系。通过将我们的意识从疼痛感上分离,咒骂似乎有助于我们重新集中精力处理眼前的问题,而不是沉迷于产生的痛苦之中。

实验所带来的商业启示

咒骂是针对谁的? 除了最具有攻击性的工作环境,咒骂通常被看做是一个不好的行为。然而,基尔大学的研究指出,在工作场所我们可以对咒骂采取更为乐观的态度,尤其是咒骂不针对任何人的时候。向其他人采取攻击性的态度显然是不可取的,但如果它只是用于宣泄自己的情绪的话,事实上咒骂词也许有助于减轻疼痛对他们造成的影响。所以,下一次你的电脑发生崩溃并清除了你一个星期的劳动成果,那就自由地、毫不拘束地咒骂吧! 这样你应该会感觉好一些。

你可以对此说些什么 ⟶ 101 BUSINESS IDEAS
THAT WILL CHANGE THE
WAY YOU WORK

"该死的！我刚刚踩到了自己的脚趾。"

"只要你不对着同事带有攻击性地咒骂，我对在工作场所使用咒骂词
持宽松的态度。"

"我需要冷静下来。原谅我接下来的用词……"

实验 24
提防病态建筑综合征

病态建筑综合征可能会导致缺勤。

关于实验

病态建筑综合征（sick building syndrome，
SBS）是指建筑物可以让我们感到不适的
观念，这个概念是 20 世纪 80 年代在工人运动、工作场所以及流行病研究的共
同作用下发展而来的。到 20 世纪 90 年代为止，病态建筑综合征已经成为美国
受调查最多的职业健康问题。1984 年，世界卫生组织发表了一份关于病态建筑
综合征的报告，这份报告指出在全球范围内，多达 30% 的改造建筑可能是产
生该综合征的原因。来自加拿大多伦多大学的米歇尔·墨菲（Michelle Murphy）
站在一个独特的历史角度审视了围绕着病态建筑综合征所展开的运动的发展历
程，她展示了女权主义运动、通风工程、工人抗议和职业科学这些力量是如何
在 20 世纪 90 年代，将病态建筑综合征提升为公司议事日程中的头等大事。报

道称很多女性成了病态建筑综合征的受害者,人们所熟知的症状包括头痛、皮疹、难以集中注意力、眼部感染、喉部感染和疲劳。病态建筑综合征的一个重要特征是只要离开相关的建筑物,这些症状就能得到缓解。

为什么这很重要

没有一种单一的病因直接导致了病态建筑综合征,但是在许多研究中,都认为是很多事情结合在一起引发了综合征。总的来说,病态建筑综合征在比较新、通风比较差(一直不打开窗户)和空调一直运转的公司建筑物中表现得最为明显。具体来说,这意味着公司建筑存在缺少天然的空气、湿度低、温度起伏大、地毯肮脏、静电电荷、照明不足、空气传播的化学物(比如,来源于清洁剂)、屏幕上闪烁的视觉显示的情况。而据报道,病态建筑综合征的症状在女性身上的反应更多,这可能是因为更多的女性在更容易引发病态建筑综合征的公司环境中工作,而不是与特定的性别相关的抵抗性差异所造成。

实验所带来的商业启示

令人吃惊的是,病态建筑综合征水平较高的大部分公司都遵守了通风、温度和照明的设计标准。因此,要解决病态建筑综合征,你需要特别小心。以下的这些举措也许能为你提供帮助。

检查建筑的清洁度——包括空气过滤器、吸尘器以及清洁剂是否被小心地摆放在一个适当的地方。

检查大楼的运作状况——确保所有的空调和通风系统都在有效地工作。

检查你的员工——进行一项调查了解这个问题的严重程度(如果有的话)。《柳叶刀》杂志(*The Lancet*)推荐询问以下的问题:"在过去的一年内,你是否有过以下两种症状……（给出上面提到的症状列表）"；如果有，再提出以下问题——"不在办公室的时候，这些症状是否得到了缓解？"

你可以对此说些什么 ⟶ 101 BUSINESS IDEAS THAT WILL CHANGE THE WAY YOU WORK

"在工作场所的清洁方面我们似乎做得很好，但是用标准来衡量时，我们生病请假比例似乎高了。我们公司是不是存在病态建筑综合征这个问题？"

"在休息的时候，我们应该鼓励每个人都到外面去呼吸新鲜空气——让我们建立一个合适的户外区域，使这变成一种愉快的经历。"

"请将窗户打开一点！"

实验 25
职场中的竞争

一个充满竞争的公司未必是一个好地方。

关于实验

在 20 世纪 70 年代初期，为了提高业绩，波士顿咨询集团的创始人布鲁斯·亨德森（Bruce Henderson）将他的咨询师分成了三个团队：蓝队、红队和绿队。在一段时间内，竞争似乎推动了创新和业务成功，但是到了最后，竞争所带来的消极影响远远超过了它能够带来的好处。亨德森创造出来的环境竞争太激烈了，以至于蓝队的领导比尔·贝恩（Bill Bain）退出了，带走了团队中的大部分人，创建了一家完全敌对的公司贝恩咨询公司。为了短时期内在公司内部注入竞争，亨德森最后创建了一家敌对公司，这使得他的波士顿咨询公司在之后的几年都生活在阴影中。换而言之，竞争对于公司内部而言，是一种非常危险的激励工具。

为什么这很重要

关于公司内部竞争方面的研究是形形色色，尽管许多研究假设竞争是实现最佳表现必需的前提。与其他团队相比，更重视投资团队或者提供个性化的奖金也许是一个好主意，但是从实践的角度上来说，竞争也许会导致失稳效应。一项对 280 名本科学生进行的实验想要测试竞争对创造力能产生怎样的影响。研究发现虽然一些竞争手段的确促成了更好的结果，但是其他手段不会产生任何影响。由沃顿商学院的伊万·巴兰科（Iwan Barankay）所做的初步研究指出，在很多情况下，竞争手段（比如，频繁地给员工提供反馈或者根据他们的表现进行排名）事实上会导致生产力的下降。

实验所带来的商业启示

作为一名企业管理者，如果你正指望着为公司注入一点点竞争——要么是团队之间的竞争，要么是个人之间的竞争，再或者是与敌对公司之间的竞争，有三件重要的事情是你必须牢牢记住的。

1. 一定要公平。没有什么事情会比不公平的工作业绩表现评估更让员工不安的了。比如，如果你正在对酒吧侍者的酒水销售量进行评估，那么你不应该仅仅使用原始的销售数据来推断他们的工作表现。你应该对一天中的时间进行调整（因为与下午较早的时候相比，晚上销售的酒水更多），比如，一个星期中的某一天或某个季节。

2. 进行量化，保持客观。你应该清楚地解释和细致地说明你的评价标准。建立在主观评价之上的绩效管理会导致灾难——确保人们用统一标准来记录得分。

3. 一定要留意不在计划之内的结果。其中很多问题都是可以预测到的，但是它们太过明显以至于通常无法适当地对它们进行管理。不是天才就能做出这样的假设，即为保险销售员提供经济激励可能会导致他们做出一些不把消费者的最佳利益放在心里的行为（比如，看一下英国的还款保证保险的不当销售丑闻）。在公司设立内部审查系统可以先发制人，防止这种有害行为的发生。

你可以对此说些什么 ⟶ 101 BUSINESS IDEAS
THAT WILL CHANGE THE
WAY YOU WORK

"实施一项更加咄咄逼人的绩效管理系统，会产生什么样的风险？"

"我们希望人们和谁竞争？和他们自己竞争？和他们的同事竞争？还是和我们行业的竞争者竞争？"

"竞争可能会在团队内部营造一种'胜利者—失败者'的心理。这真的是我们想要的吗？"

实验 26
从你熟悉的地方开始创业

"地域根植性"能够带来的好处。

关于实验

来自丹麦奥尔堡大学的迈克尔·达尔（Michael S. Dahl）以及美国耶鲁大学的奥拉夫·索伦森（Olav Sorenson）研究了地域根植性（regional embeddedness），即你对你所在区域有多了解，就越能成功创业。达尔和索伦森对 13 000 家丹麦的初创企业进行了分析，他们成功地展示了与之前的行业知识相比，众所周知的竞争优势来源——地域根植性更能为企业家带来好处。在排除了教育、背景以及其他人口因素之后，研究人员计算出相对于一个新进入某个地区的新来者，在该区域任过职的企业家（平均 6.4 年）的退出率要比其低 9%，每年的收益大约多出 8 172 美元。相比之下，与新进入一个行业的企业家相比，拥有这个行业相关经验的企业家的退出率要低 11%，每年的收益多出 3 508 美元。

达尔和索伦森的研究以这一假设为前提，即很多企业家选择在离自己家比较近的地方创立自己的新企业，他们这么做的主要原因是为了和自己的家人、朋友更加近一些。因此，研究人员想要测试是不是靠近自己的亲人，事实上会分散企业家的注意力，危害他们的实际收益。而另一些企业家则持相反的观点，他们非常渴望到一个远离自己过去的新区域一展身手。对于这两种情况，研究人员都得出了明确的答案。了解你所在的区域——即使你之前未必在那里工作过，可能会对公司的业绩产生非常积极的影响，靠近自己的亲人和朋友似乎也不会对公司的成功造成任何负面或转移注意力的影响。

实验所带来的商业启示

成功开始于离家近的地方。如果你拥有创业家的性格或者正处于创业的年龄（研究显示，个人创办一家成功企业的高峰年龄为 42 岁，其中成功是从企业的寿命角度来定义的），这项研究给你的建议非常明确：如果你想要提高自己创业成功的可能性，那么至少在初次创业的时候，从你熟悉的行业开始，从你了解的地方开始。

—— 你可以对此说些什么 ——→ 101 BUSINESS IDEAS
THAT WILL CHANGE THE
WAY YOU WORK

"我知道在一个全新的区域创办公司听起来非常令人兴奋，但是我真的觉得这种做法很不明智。你最好先从你了解的区域开始创业，然后再扩展你的业务。"

"更广泛地思考你的竞争优势在于哪里——如果你对一个地方非常了解，那么这可能是一种潜在的资源。"

"这么做有两种好处，我对这个地方了如指掌，而且我可以离我的家人更近些。"

101

BUSINESS IDEAS
THAT WILL CHANGE
THE WAY YOU WORK

第3章

关于自我管理的实验

实验 27
如何改善你的记忆

是否总是忘事？

关于实验

近年来大量的研发都专注于创造记忆训练的游戏和产品，以帮助人们提升各种能力，如注意缺陷障碍（attention deficit hyperactivity disorder, ADHD），阅读障碍（dyslexia），甚至提高人们的智力水平。很多研究对这些产品的效果进行了评估，最后得到的却都是非常令人失望的结果。比如，一个关于回顾屏幕上图案的记忆游戏可能会有助于你提高记忆图案的能力，但这并不意味着当你在做关于去年财务业绩报告的演讲时，它也能帮助你更好地记住演讲的内容。不过，的确有证据显示当记忆训练和你期望提升的技能之间存在一定联系时，它就可能对你有所帮助。可见，训练还是起作用的。

为什么这很重要

如今上网更为方便快捷，人们可以从类似维基百科这样的网站上获取大量的信息。结果是，拥有好的记忆所带来的回报似乎没有过去那么大了。忘记怎么去某个地方了吗？在手机上查询一下，然后继续前行。记不住你正在研发的产品的技术细节？在谷歌搜索中迅速查询，你就能得到想要的答案。但过度地依赖这种应急措施而不是真正地费心去记住一些事情，也存在着危险。当你在工作中被问到这样的问题，下面哪种答案更有说服力：a）根据你拥有的知识和经验，给出正确的答案；b）"我想不起来了，但是我可以在 10 秒内从网络上找到答案"。记忆仍旧非常重要，并且，随着提高记忆技术的进步发展，你有可能真正地提高你正在寻找的某项能力。

实验所带来的商业启示

记忆游戏中的一个方法就是将你记忆的事实和数字赋予意义。阿什里奇商学院（Ashridge Business School）的维基·屈尔潘（Vicki Culpin）教授设计了一套强大的记忆方法，可以帮助你提高记忆。这种方法被称作 MARC。如当你在阅读一份财务报告时，你要采取以下步骤：

M（Meaning）含义——在你正在获取的新信息和你已经了解的信息之间建立联系。比如，与竞争者的财务信息或你公司过去的财务信息相比，你正在阅读的财务信息是怎样的？

A（Attention）注意力——记忆需要你集中百分百的注意力。如果你在阅读报告的时候，正在思考其他事情，或同时在倾听办公室谈话，那么你不可能记住新的知识。

R（Repetition）重复——一旦你学习了一些新的东西，你就要试着回忆一下，这有助于加强记忆。例如，试着将你学到的新知识运用到和同事的谈话中。

C（Creativity）创造力——考虑用不同的、独特的方法来记住新的信息，因为独特性有助于回忆。如果你在一个不同寻常的地方阅读信息，比如在飞机上，那就将新知识和这个环境联系在一起。

你可以对此说些什么 ——→ 101 BUSINESS IDEAS
THAT WILL CHANGE THE
WAY YOU WORK

"我需要记住的所有东西就是提高记忆力的那些技巧。"

"如果我的注意力不集中，那么我记不住任何事情。"

"那些拥有强大记忆力的人给我留下了深刻的印象——我打算努力学习，变得和他们一样。"

实验 28
工作压力大？去跑步吧

在关于减轻压力的众多小建议和小窍门中，最简单的也是最好的方式——做运动。

关于实验

美国马里兰大学所做的一项研究发现减轻焦虑感的关键（这种焦虑感以不同的心理特征表现出来，如肌肉紧张，恐惧感，对集中出现的问题感到困惑），可能就在于做一些强度适中的运动。这个实验以一组大学生作为实验基础，实验人员将学生们分为两组：一组做了三十分钟强度适中的骑单车运动，另一组则休息了三十分钟。研究人员分三个时间点测试了学生们的焦虑水平：运动或休息之前，十五分钟以后，最后一次是两组学生都接触了许多摄影影像，这些影像是专门设计以引起一系列积极的情绪、抑郁的情绪以及中性的情绪（比如，这些影像中包括婴儿、小狗、风景和暴力残害）。

在学生们进行运动或休息了十五分钟后所做的焦虑水平测量中，这些学生的焦虑感都有所下降。然而，在放完这些摄影影像后，休息组的焦虑水平回到了他们休息之前的水平，而运动组的焦虑水平仍旧和他们做了十五分钟单车运动后的水平相同。这样看来，一旦压力产生，要降低这种焦虑感，运动要比休息有效得多。

为什么这很重要

人们已经做了许许多多实验，以帮助公司的员工在工作中减轻压力和焦虑。人们也提出了很多有关减轻压力的建议，如创建"参与型领导文化"，设立有意义的工作角色，每天上瑜伽放松课程等。然而，很大一部分都在强调雇主要怎么做来减轻员工的压力，这固然是正确的，但是很少人会强调员工自身也可以做一些事情来减轻自己的压力。马里兰大学的实验指出可能存在的一个非常简单的答案——运动。

实验所带来的商业启示

养成一种习惯。将运动变成日常习惯永远都不是一件简单的事情，所以你可以从实验34中采纳一些习惯养成的小建议，来帮助你养成运动的好习惯。公司也可以充分地利用这一点，为员工们提供受保护的"体育运动时间"，如提供免费的或打折的健身房会员卡，这能够有效地帮助员工们进行运动。但是，最终没有人能强迫你去运动，只有你自己能。当运动带来的好处这么多，这么明显时，我们不应该再问"为什么我应该运动"这个问题，而是应该问"我该如何克服障碍，参加更多的体育运动？"

── 你可以对此说些什么 ─→

"我今天晚点时候有一个重要的会议。在此之前我要去跑步，以帮助我更好地准备这次会议。"

"你可以把世界上所有的健康专家和幸福专家请来，为公司提供意见。但是，我们毕竟无法强迫人们去做任何事情。"

"如果是因为你今天早上要做运动，而晚到一点儿的话，我没有意见——我知道运动有多有效。"

实验 29

找出你自己最佳状态的时段

我们的生产力有时候高，有时候低。

关于实验

在分析了超过 12 项对个体的生活追踪了五十多年的研究后，芬兰的研究人员发现了一个令人担忧的结果。那些经常长时间（每天超过 8 小时）待在办公室的人，患上冠心病的风险更大。牢牢记住这一点，与过去任何时候相比，合理管理工作时间变得更为迫切。但这也就意味着我们必须要减少我们的工作量。因此，接下来的问题就是"如何在有限的时间内使我们的生产力最大化"。

为什么这很重要

越来越多的研究证明，在上午的晚些时候，大多数成年人的生产力最高，从正午到下午 4 点这个期间，他们的注意力和精力逐渐下降。特别是在吃过午饭之后，人们的困倦感最为明显。有趣的是，另一项研究发现，当参与研究的学生们认为自己的生产力最低的时候，实际上他们的创造力最强，所以当你处于最有效率的几个小时（被称作生理节律）里时，你最好把所要做的事情做完，这个时候可能不适合发挥创造力。研究人员提出了一种假设来解释这一现象：当我们不那么警觉时，我们能够有更多的新奇想法，那部分平时缺乏运动的大脑开始焕发活力，激发创造性的想法。

实验所带来的商业启示

找出自己生产力最高的时间段。要达到这个目的，你必须对一个星期以来所完成的事情做一个记录，将它们分割成一天中的一个小时，一个星期中的一天。当你回顾这个星期时，将注意力集中在你认为最复杂的任务或工作量最大的那几个小时上。根据这些时间，你就可以计算出自己生产力最高的时间段来。

将工作要求和自己的极佳状态联系起来。以后，在计划自己一整天的工作时，尽量将你需要完成的很多工作放在你最有生产力的时段。相反，将你自己认为生产力最低的时段腾出来，从事一些需要创造性思维的工作。

—— 你可以对此说些什么 ——→

101 BUSINESS IDEAS
THAT WILL CHANGE THE
WAY YOU WORK

"我是一个喜欢早起的人，所以我要充分利用早上的时间来完成大部分的工作。"

"正午时分对于大多数人而言，是生产力最低的时刻，因此，我们应该避免将重要的会议安排在那个时间。"

"我需要查找出自己的生理节律最高峰是在什么时候。"

实验 30
想要真正提高，唯有熟能生巧

每年，大笔财富都被花费在参加商业培训课程或购买商业培训书籍上——但是如果你想要得到真正的提高，没有什么能比熟能生巧更有效的了。

关于实验

你是否曾经听说过类似的话——"我想要在最好的医院接受治疗，所以我去了一家比较小的医院，那里更加专业，护理得更加用心"。虽然一所安静的只接诊少数病人的当地医院听起来似乎是临床护理的最佳场所，但是在医学领域也存在着另一个无可争辩的事实——和其他大多数职业一样，数量就是一切。在 2008 年的一项对 4 万多名接受医师治疗的艾滋病患者的调查中，研究人员发现有显著的数据表明，决定患者死亡率的唯一变量就是病人数量。换而言之，医生看过的病人越多，他们对病人实施治疗的效果越好。

马尔科姆·格拉德维尔（Malcolm Gladwell）在其畅销书《异类：不一样的成功启示录》（*Outlier: The Story of Success*）中，研究了从比尔·盖茨到披头士乐队一系列备受瞩目的成功故事，并普及了"10 000 小时规则"（10 000 hour rule）的理念，即在任何领域，掌握专门技术以及获得成功的关键在于对特定的任务（与你想要获得成功的领域相关）进行不断的、特别的练习，一共要练习10 000 个小时。虽然确切的数目并没有得到最终的证明，然而其核心思想已经被证实——与学习相比，在很大程度上，练习的确能够熟能生巧。

为什么这很重要

这对于个人发展有着非常重要的意义。每年，公司都要花费几十亿的资金让他们的员工去接受昂贵的培训课程，但是这么巨大的投资所能收获的回报却不是很明显。毫无疑问，职业培训的确带来了一些好处，如员工对公司的满意度有所提升。但是，如果你把员工送去参加培训课程的主要目的是提高他们的能力，并且你现在已经了解到有更有效的方法可以达到这一目的，那你为什么还要在培训上花费那么多钱呢？勤奋地练习加上在职培训是提高技能的最可靠方法。尽管这听起来有些老套，但这绝对是有证据支持的。

实验所带来的商业启示

如果你想要培养某项特定的技能或能力（比如，精通计算机编程），为自己创造一个工作环境，在这个环境里，你可以不断地重复练习这项技能。如果创造这样的环境是你力所不能及的，那么在你的日常生活中找出一个固定的时间段来，在工作之余练习这项技能——日历提醒和邮件提醒都可以帮助你进行这项练习。

　　勤奋一点。10 000 小时实际上就是每周练习 20 小时，坚持 10 年的时间。很少有人能够长时间坚持练习某项特殊的技能，但是为自己设立一个具有挑战性的目标，专门腾出一部分时间用以实践，还是非常重要的。如果你每个星期不腾出一部分练习时间，那么你不可能实现擅长某项技能的目标。

　　量化你的进步。正如我们将在实验 55 中谈到的那样，如果你不对自己的进步进行测量，你怎会知道自己是否成功了呢？因此，为自己设置两种目标：一种目标是以输入为基础（比如，练习的小时数或者承担的任务数量）；另一种目标则是以输出为基础（比如，在表现上，可以测量的进步或获得的资格证明）。

　　── 你可以对此说些什么 →　101 BUSINESS IDEAS
　　　　　　　　　　　　　　　　　THAT WILL CHANGE THE
　　　　　　　　　　　　　　　　　WAY YOU WORK

　　　"要想在某件事上表现非常出色，就需要长时期地投入时间和努力——你无法一夜之间从教科书上学会它。"

　　　"这个人在这份工作上没多少经验，尽管他的确很聪明，但是雇用他来做这份工作是不是有点儿冒险呢？"

　　　"真正的进步来自于经验的积累，所以让我们削减培训的预算，把资金用在人们更加重视的地方。"

实验 31
对24小时随时待命说NO

关闭你的邮箱以及关掉你的手机将带来无限的好处。

关于实验

关掉我的智能手机？别开玩笑了！如果我的团队无法 24 小时联系到我，他们如何应付各种情形呢？我怎么能够不对我的客户有求必应呢？如果我不在凌晨 2 点的时候发邮件，我怎么才能显示自己是一个勤奋的员工呢？

针对同样的问题，哈佛商学院松下幸之助（Konosuke Matsushita）领导学教授莱斯利·佩罗（Leslie Perlow）对此假设进行了一项实验，即在一个以努力工作为原动力的服务机构——波士顿咨询公司（Boston Consulting Group）中，让员工们在特定的时间关闭智能手机，能否使他们变得更加快乐？他们的工作效率能否得到进一步提高？最初，波士顿咨询公司中，只有 6 名员工参加了该实验，后来佩罗成功地将关掉手机睡觉的信条传播给了 900 多个波士顿咨询公司团队成员，范围遍及了五大洲。佩罗鼓励各个团队达成一个共识，设定一个可以预测的时间（"predictable time off"，"PTO"），比如每个星期的一个晚上，员工们在一个合理的时间可以放下手头的通信工具，在这段受到保护的时间，不允许同事、客户或领导给他们发邮件或打电话。

尽管该实验面临着一些质疑，甚至是不情愿，公司中的某些咨询人员事实上非常享受所有时间都在工作的这种模式，但佩罗在波士顿咨询公司所做的实验得到了惊人的结果。她分别对参加可以预测时间实验的咨询人员和没有参加的咨询人员做了调查，最后将两组调查进行比较。她发现 72% 的人（非 PTO

团队成员中 49% 的人）对他们的工作非常满意；54% 的人（非 PTO 团队成员中 38% 的人）对他们的工作生活平衡状态表示满意；更令人惊奇的是，PTO 团队的人员认为他们的协作性更强（91% 比 76%），更有效率（65% 比 42%），更有效果（74% 比 51%）。令人高兴的发现还有很多，与非 PTO 成员相比，PTO 团队的成员更有可能预见波士顿咨询公司的长远未来，认为自己为客户提供了"重要的价值"。

为什么这很重要

在佩罗进行这项实验之前，她还做了另一项研究，这项研究对 1 600 名员工进行了调查，研究发现他们在任何时候都非常喜欢检查自己的邮件，早上起来第一件事情是检查邮件，晚上睡觉之前最后一件事也是检查邮件，不管是在工作日还是在节假日都是如此。这样看来，员工们似乎在随时待命，等待邮箱的提示声音的响起。除了佩罗的发现之外，还存在着一个明显的趋势，那就是连通性越来越强，工作时间越来越长，在员工离开办公室之后，公司对员工随时待命的期望越来越高。但是，这似乎没有使员工们变得更加快乐（这样是否能提高员工的效率也尚无定论）。佩罗违反常理的研究告诉我们，我们可以通过偶尔关掉手机，使自己变得更加快乐，而又不会影响工作效率。

实验所带来的商业启示

当一个团队决定实施这样的政策时，团队的领导应该承担起自己的责任，为团队制定一些基本的规则，以实现现实与愿望的连接。就可预测的时间达成一致是非常简单的事情：对于大多数的服务业而言，这个时间可以是周末以及工作日中晚一点的时间。上面提到的这个实验中就使用了这个小方法。

团队的领导应该认识这一事实，"下线"并不意味着员工懒惰或缺乏动力。事实上，这是一个提高员工士气和满意度的非常有效、明智的方法。

这种好的做法应该从公司的最高层开始实施，为员工树立良好的榜样。偶尔关掉邮箱没有什么问题。

你可以对此说些什么 ⟶ 101 BUSINESS IDEAS THAT WILL CHANGE THE WAY YOU WORK

"我们从来不在周末工作。如果我看见有的团队在星期六或星期天工作，我不会责怪团队成员，我会责怪团队的领导——阻止这样的事情发生是他们应当承担的责任。"

"让我们设立一些基本的规则和地带，以确保员工可以被联系到，也能确保公司中所有员工都意识到了这一点。"

"拥有 PTO 时间并不意味着你对自己的工作不再负有责任。我希望你可以这样安排事情，在你下线之前，如果需要的话，找一个人代替你。"

实验 32
千万不要通宵熬夜

从损伤的角度上来说，一个晚上平均睡四到五个小时就等同于血液中的酒精浓度为 0.1%，这和喝下四瓶啤酒的后果是一样的。

关于实验

来自美国北卡罗来纳大学的迈克尔·克里斯蒂安（Michael Christian）以及来自于亚利桑那大学的亚历山大·埃利斯（Aleksander Ellis）的研究显示睡眠不足不仅会使人们在任何需要"创新思维、风险分析和战略规划"的任务上表现欠佳，而且还会导致人们在工作中表现出一些不道德的行为。克里斯蒂安和埃利斯对一家大型医疗机构的护士以及参加一项实验室研究的本科学生做了调查，他们的研究显示睡眠缺乏可能导致个体的行为比平常更加粗鲁，并且，他们还会尝试获取更多的报酬，即高出他们应得的报酬。研究人员指出，这种偏差行为是由于睡眠不足导致葡萄糖生成缺乏造成的。大脑中掌管认知行为和决策的那部分前额皮质区域（被称作执行功能）没有获取足够的葡萄糖，从而引发古怪的、不理性的行为。

为什么这很重要

正如哈佛医学院的查尔斯·切斯勒（Charles A. Czeisler）所声称的那样，人体内血液的酒精浓度为 0.1% 时，相当于一个体重为 80 千克的人喝下了四瓶啤酒。任何有理智的人都不会鼓励你在刚刚喝了四瓶啤酒之后，开始处理日常工作。然而，事实上，当经理们鼓励自己的员工开夜车时，这样的事情就会发生。我们通常会将那些努力工作的行为浪漫化或神圣化。在承受巨大压力的行业中，这些事情是员工们一直在做的事情，但这也许是极端错误的逻辑。根据美国睡眠障碍研究计划（National Sleep Disorders Research Plan）显示每年因人们的睡眠不足使美国的经济蒙受了 1 500 亿美元的损失，这些损失主要是睡眠不足导致事故和生产力下降所造成的。根据 1999 年末至 2009 年的数据，在美国，晚上睡眠时间少于 6 小时的比例从 13% 上升到了 20%，这个问题非常令人担忧。

实验所带来的商业启示

强制休息时间。切斯勒强调，公司的老板应该更加关注公司员工的睡眠习惯。比如，他建议公司的睡眠政策应该规定，在任何情况下，都不允许任何人在乘坐了一晚上的飞机后，直接开车去参加商业会议。同样地，他还认为公司老板不应该鼓励员工一天工作时间超过 16 个小时。

认识到睡眠不足所带来的危险性。在一些企业文化中，长时间工作的程度似乎有点让人难以置信。在许多国家，初级医生仍旧被迫连续上夜班之后再上日班——尽管有证据显示医院中的实习生在连续上了 24 小时的班后，用针或外科手术刀扎到他们自己的可能性要高出 61%。鼓励这种行为，雇主们不仅会让员工的健康蒙受风险，而且还会让公司的业绩，甚至他们的顾客的安全也陷入了危险。

—— 你可以对此说些什么 ——→ 101 BUSINESS IDEAS
THAT WILL CHANGE THE
WAY YOU WORK

"缺乏睡眠可能造成健康问题、免疫系统问题以及记忆问题，这是一个非常严重的问题。"

"让我们记录下人们的工作时长，如果需要的话，我们要加以干涉以减轻他们的工作量。"

"我不认为严肃地对待睡眠不足问题是对我们的员工'好'——这只是常识。如果他们没有得到充足的睡眠，那么他们就会表现不佳，公司就会遭受损失。"

实验 33
上班时间上网冲浪并非坏事

网上冲浪可以担当强大的精神恢复功能，促使员工生产能力的提高……只要他们不检查邮件。

关于实验

2011 年，来自新加坡国立大学的薇薇安·林（Vivien K.G. Lim）和唐·陈（Don J.Q. Chen）对管理学专业的 96 名本科生做了一项研究实验，以评估网上冲浪对他们的生产力所产生的影响。最初，96 名学生花费了 20 分钟的时间尽可能加亮一个文档中所有的字母"e"。然后，学生们被分成了三个小组。第一组（控制组）的学生花费了 10 分钟的时间继续进行相似的乏味工作；第二组（休息组）的学生可以休息十分钟，做他们想做的任何事情——除了上网；第三组（上网组）的学生可以在接下来的十分钟内上网，浏览他们感兴趣的网页。十分钟之后，三个小组的学生继续加亮字母。

研究的结果非常令人吃惊。在最后一轮加亮字母的过程中，上网组的效率比控制组的效率更高（比如，正确地加亮了更多的字母），另外上网组的生产能力比休息组高出 16%。同时，与其他两组的学生相比，浏览网页者的积极性更高，精神疲乏程度和厌倦程度也更低。

为什么这很重要

互联网在商业运作方式上起着非常重要的作用。一些非常专注于提高生产力和生产效率的机构设法禁止或限制员工在工作时间上网。林和陈的研究对这种禁止员工上网的有效性提出了质疑。然而，研究人员在之前的研究中已经强调，上网冲浪与查看邮件两者之间存在着重要的认知区别。对于前者而言，这种行为可以恢复精神，给人带来愉悦感——在上网冲浪的时候，你可以真正地解脱出来。然而，查看邮件需要更多的脑力活动，非常耗费精力，所以无法使人们得到充分的休息。

实验所带来的商业启示

取得平衡。如果你的公司具有非常严格的"禁止私人使用网络"政策，那么你一定要重新考虑这种政策了。你可能在相反的方向上做得太过火了，你也许想要对与工作无关的上网时长做出时间限制。一些软件包可以做到在一定的时间内，将网络限制（比如，与工作无关的网络）屏蔽，这样做可以让人们在不花费大量时间网上冲浪或检查邮件的同时，得到休息并提高生产能力。

以合理性为目标。用陈的话来说："合理的网络使用政策并不意味着完全禁止与工作无关的网络使用。这种政策应当在私人网络使用和工作网络使用两者之间设法实现一种平衡。更多的资源应当被用于限制有害的网络使用，比如查收邮件。同时，应当允许一部分上网冲浪时间，用作缓解工作压力。"

—— 你可以对此说些什么 ——→ 101 BUSINESS IDEAS
THAT WILL CHANGE THE
WAY YOU WORK

"让我们对公司的网络使用政策采取一个更宽松的态度。"

"你们一直在努力工作。现在，每个人可以休息十分钟，随意上网，做你们需要做的任何事情。"

"只要你完成了自己的工作，我真的不介意你做了什么。"

实验 34
戒掉坏习惯

个人和企业该如何戒除坏习惯。

关于实验

在过去的十年里，越来越多的复杂
研究围绕着习惯这一话题建立起来。来自
美国南卡罗来纳州大学的温蒂·伍德（Wendy Wood）对此进行了研究。根据她
的研究，接近 45% 的日常行为都倾向于每天在相同的地点发生。换句话说，这
些行为就是习惯——其中大部分是不假思索地进行的，但是它们占据了我们生
活的很大一部分。《纽约时报》记者查尔斯·杜希格（Charles DuHigg）详细地
调查了与习惯相关的科学研究，他的书《习惯的力量》（*The Power of Habit*）解
释了个人和企业是如何形成习惯的（包括好的习惯和坏的习惯），以及我们如何
改变这些习惯。

为什么这很重要

从个人的不良习惯，如酒精成瘾到微小的企业问题，如将办公邮件给每一
个人抄送一份，这些不断重复的行为是通过以下三个阶段的习惯路径形成的：

暗示——行为的触发器；

惯例——行为和行动；

奖励——通常是对该行为的积极反应，它帮助大脑深深地记住这种行为，
使这个行为在未来再次重复的时候变得更加容易。

杜希格运用自己曾经（过去的）对饼干的嗜好，展示了在现实中这种习惯路径是如何运作的。在他上班期间，每到差不多中午的时候，他就有了想要吃饼干的欲望（暗示——暗示通常是由某个时间、某个地点、某个人、某种行为或某种思维模式掌控的），于是他就会走向自助餐厅买一包饼干（惯例），然后吃饼干（奖励）。

庆幸的是，已有研究证明我们可以戒除习惯，尽管要完全戒除它们要困难得多。比如，杜希格试图戒掉爱吃饼干的习惯，他分析了自己的"习惯路径"，意识到从这种习惯中获得的真正奖励是，当他起身走去自助餐厅购买饼干时，他可以和同事相互交流。他也可以通过其他手段来获得这种奖励，比如，把他的习惯从购买一包饼干转变为购买一个苹果。通过使用相同的方法，匿名戒酒互助会（Alcoholism Anonymous）也发挥了作用——喝酒通常是由压力驱使的（暗示），导致酗酒（惯例），通过酒精的作用减轻或忘记某人的焦虑感（奖励）。匿名戒酒互助会帮助人们保持了暗示和奖励，但是把他们的惯例改变为了和其他人进行交流而不是喝酒，来帮助他们思考以及排解自己的焦虑感。

当杜希格在《纽约时报》上面发表了一篇大公司如何追踪人们的习惯的文章后，引发了很大的轰动。他的研究指出，美国大型的零售公司塔吉特百货（Target）通过交易数据，推断年轻的女性什么时候怀孕——通常在他们还没有告诉任何家人或朋友之前，然后使用这些信息来为他们提供孕妇用品的特别优惠。研究显示，重大的生活变化（比如怀孕或离婚）使得习惯变得灵活。换而言之，此时，人们更容易改变或戒除长久以来的习惯。这是一个最好的机会，去刺激他们养成新的习惯——比如，购买塔吉特的商品。

实验所带来的商业启示

微小的变化带来重大的影响。杜希格还指出，经理和领导通过诱导员工做出微小的习惯变化将会对改变公司文化起到非常重要的作用，进而带来大规模的文化变革。杜希格引用了很多例子，比如美国铝业公司（Alcoa）的保罗·奥尼尔（Paul O'Neill）通过让员工在做每件事情时都把安全放在首位，改变了公司的安全记录，或者星巴克的霍华德·舒尔茨（Howard Schultz）的首要任务是使一线工作人员提供优质的客户服务。这里需要总结的信息非常明确微小的习惯变化可以带来巨大的影响。运用暗示—惯例—奖励的"习惯路径"，思考一下在生活中你想摆脱什么习惯，或者培养什么习惯。

你可以对此说些什么 ⟶ 101 BUSINESS IDEAS
THAT WILL CHANGE THE
WAY YOU WORK

"老子的话是正确的：动而成习，习而成性，性而成命。"

"最重要的是我们现在在做什么，因为这将决定我们未来的方向。我想我们要弄清楚我们公司里习惯的行为是什么，然后看一看我们需要做些什么改变。"

"我想要更频繁地去健身房。我需要理解'习惯路径'，创造出这种路径，从而养成习惯。"

实验 35
如何打造自信的形象

只是调整一下我们的站姿或坐姿就可能对我们产生重要的生理和心理作用，从而让我们觉得自己很强大。

关于实验

来自哥伦比亚大学和哈佛大学的研究人员进行了一项实验，在实验中男性和女性参与者被要求在每一分钟内摆出不同的姿势。这些姿势包括两种表现高权力身体姿势（一种姿势是坐在一把椅子上，双臂放在头部后面，双脚搁在桌子上；另一种姿势是笔直地站立在一张桌子后面，双腿分开，手的中心落在桌子上，身体前倾）以及两种表现低权力的身体姿势（坐在一把椅子上，双脚稳稳地站在地上，手放在膝盖上，手肘放在椅子扶手内部；另一种姿势是笔直地站立，双腿离得很近，手臂相互交叉，就如同参与者在拥抱自己）。在保持姿势结束之后，每位参与者首先都得到了 2 美元，然后被问及是否愿意参加 50:50 的赌博，如果获胜他们的资金就可以翻倍。另外，他们被要求对自己的感觉打分，觉得自己多么有权力或受掌控，在 1 分（完全没有）到 4 分（非常）这个范围内打分。

在实验的前后还分别作了唾液测试。这项实验的目的是为了找出采取一种权力姿势是否会提高个人的冒险意愿以及提升他们的权力感。同时，这项实验还想测试是否会因为这些姿势而对个人的生理产生改变。专业学者尤其想要发现睾丸素（通常和权力联系在一起的一种荷尔蒙）以及皮质醇（通常代表紧张感的一种荷尔蒙）是否会因为这些姿势而发生变化。为了避免任何可能会造成偏差的不必要行为，参与者们被告知这项研究主要是测试在不同情境下心跳的变化——所有参与者身上都被绑上了心电图监控（electrocardiography monitor）。

为什么这很重要

研究人员的假设在各个方面都得到了证实。在那些采取高权力姿势的参与者中，86% 的人为了获得 4 美元而愿意拿 2 美元进行赌博（有风险，但是也比较合理的选择），而采取低权力姿势的参与者中，只有 60% 的人选择赌博，相比之下所占比例低的多。根据研究结果，采取高权力姿势的人在 1 分到 4 分的范围内对权力感打分时，所得的平均分为 2.57 分，而采取低权力姿势的参与者的平均分只有 1.83 分。最令人惊奇的是，相对于基准线而言，高权力姿态者的睾丸素水平上升了 19%，皮质醇水平则下降了 25%。而低权力姿态者由于姿态的改变，睾丸素水平下降了 10%，皮质醇水平上升了 17%。

在这项研究中，并没有看到明显的性别差异（尽管男性的睾丸素水平总是比女性的睾丸素水平高，这点不足为奇）。简而言之，只要采取一种更积极的身体姿势，你就可以在很短的一段时间内，感觉到自己更有力量，更有控制力，更愿意去冒险，并且会使你的睾丸素水平和皮质醇水平发生变化。

实验所带来的商业启示

检查一下你的姿势。当你下一次走进办公室的时候，看一看周围的人，检查一下人们的身体姿势如何。在他们交谈的时候，谁向谁弯下身子？谁蜷缩在自己的椅子里？只要采取权力姿态，就可以帮助那些自尊心低落、处于压力之下以及缺乏力量的人提升自信。

不要在权力之旅上保持高姿态。企业应该要注意不要创造一种环境，使权力姿态成为规则——尤其是那些非常易受风险影响的行业。需要记住的一点是，尽管权力姿态能够让你感觉好一些，但未必对其他人也同样有效。

设法避免疏远他人。作为这项研究的另一位发起者，艾米·卡迪（Amy Cuddy）也曾指出，我们常常会基于两个简单的标准来对人们做出仓促的判断——他们有多么令人喜欢以及他们多么有能力。权力姿势也许对能力方面有所帮助，但它不可能给人一种温暖的感觉。

——— 你可以对此说些什么 ——→ 101 BUSINESS IDEAS
THAT WILL CHANGE THE
WAY YOU WORK

"我对这次的面试感觉不是很好，但是我知道如果我以一个开放的姿态坐着，我会感觉更加自信。"

"看一看他是怎么做的——很明显，他正在试图向自己或向其他人声称自己有多强大。这看起来非常可笑。"

"即使你感觉没那么自信，你也可以假装。看起来自信一点，荷尔蒙会帮助你完成剩余的部分。"

实验 36
进步是获得工作满足感的最大驱动力

一位员工在工作中获得幸福感的最大推动力是当他觉得取得进步的时候。

关于实验

哈佛大学企业管理学教授特瑞莎·阿玛贝尔（Teresa Amabile）和心理学家史蒂芬·克雷默（Steven Kramer）进行了一个长达十年之久的研究项目，他们想要通过研究找出在工作中什么能够激励人们。他们的研究项目涉及了 238 个被试，包含了 26 个项目，涉及了 7 家公司和 3 个行业。阿玛贝尔和克雷默的研究核心主要关注 12 000 多份日记条目和关于个人的情绪水平和动力水平的每日排名。他们期待得到上司的认可，这不足为奇，上司通常也认为这是员工获得幸福感的关键——排在列表的前面。但事实上，在激励员工的重要因素中，上司认可完全不存在。与其他任何因素相比，研究人员发现进步是使人们获得工作满足感的最大驱动力。在分析日记条目时，阿玛贝尔和克雷默发现，在员工觉得最快乐的日子中，进步是最频繁地被提及的事件种类（占 76%），团队合作（占 53%），工具性支持（占 43%），人际关系支持（占 25%），从事重要的工作（仅仅占 19%）。

为什么这很重要

战略大师吉姆·柯林斯（Jim Collin）认为，在快乐的工作中，企业的领导团队设置了庞大的、惊险的、大胆的目标，公司中的其他人携手合作，和睦相处，一同为了完成这个目标而努力。很多人都对美国肯尼迪机场和将人类送上月球的看门人的故事非常了解。引用以上两个事例，是为了传递这样的信息：我们取得了伟大的成就，但是如果为了伟大的目标奋斗并不能给我们带来快乐、多产的工作环境，那又会怎么样呢？根据阿玛贝尔和克雷默的研究，在日记条目中"从事伟大的事情"在排名中，只占所有时间的五分之一。这项研究及时纠正了"我们需要设置大目标，快乐才会随之而来"的这种说法。相反，递增的收获，即进步（可能但未必朝着战略远景前进）能够被正在工作的人们所感知到，这样才能真正地建立一个富有敬业精神的、充满动力的团队。

实验所带来的商业启示

阿玛贝尔和克雷默的研究将如何为自己或自己的团队实现内在的工作生活满足感（换句话说，在工作中的幸福感）分解成了以下三个步骤。

创建一种进步的感觉。设置现实的、及时的小而递增的目标，当实现这些目标后为此庆祝。不要低估快速见效在实现满足感方面的力量。如果你看到有些事情不用诉诸无穷无尽的行政程序就能够让你快速改变，那么就做吧。

促进积极进取环境的生成并给予个人以支持。这样的例子包括提供选择权（参阅实验5），为人们提供适当的资源和培训，帮助他们设置明确的目标。

注意氛围的营造。密切关注人际交往层面的事情。确保所有的团队成员都感觉到自己获得了你以及其他同事的适当尊重和支持。举办有趣的团队活动有助于实现这一目的。

── 你可以对此说些什么 ──→ 101 BUSINESS IDEAS THAT WILL CHANGE THE WAY YOU WORK

"如果我感觉自己获得了一些成就，我就会很高兴。"

"这是一个为期十年的战略。我们需要向人们发出明确的信号，让他们知道自己正在朝目标前进，这样我们就可以建造一种进步的氛围，让人们获得激励。"

"从工作的满意度方面来说，人们对他们的老板到底怎么想这个问题并不是非常关心——他们更关心自己的感觉。"

实验 37
做时间的富人：花时间去帮助他人

通过分配出一些时间帮助其他人，可以延长你的时间。

关于实验

通过一组创新性实验，来自于沃顿商学院的卡西·莫吉娜（Cassie Mogilner）带领的研究人员，揭开了当我们利用自己的时间帮助其他人的时候，人们主观的时间富裕（time affluence）会发生怎样的变化（换而言之就是他们认为自己有多少时间）。在实验 A 中，参与者们被分成了两个小组，一个小组的人花费 5 分钟的时间写信给一个病重的孩子，而另一个小组的人则在这 5 分钟内计算一篇拉丁文文章中一共有多少个字母"e"。在实验 B 中，一个小组的人被要求分配出一些时间出来去帮助他们想要帮助的人，而另一组人可以早早地结束这次测试。在实验 C 中，一个小组的成员花费了 15 分钟的时间帮助一位来自于当地州立学校、处于危险之中的（处于不利地位的）学生编辑研究论文，另一个小组的成员则获得了自由时间，可以做任何自己想做的事情。

在每一项实验中，结果都非常明确：分配出时间帮助其他人会让人们感觉到了时间富裕，而不会感觉到时间受限——甚至与那些获得自由时间可以做自己想做的事情的人相比，结果也是如此。特别是，与那些没有分配时间帮助他人的人相比，分配时间帮助他人的人，在被问及时：更可能说他们的未来是无限的；在下个星期的某项特定任务中，他们更愿意贡献更多的时间；觉得自己更有效率地利用了时间。

为什么这很重要

对于很多人而言，时间比金钱更加宝贵。你无法买到时间，也无法出售时间。你不能创造出更多时间——难道你可以做到吗？莫吉娜等人所做的研究指出，虽然很明显，在客观上我们无法延长时间，但是在主观上你却可以做到。一项研究曾指出，那些将钱捐助给别人的人会因此觉得自己更加富有，而这项研究的结果就与其一致。花时间去帮助其他人可以让你觉得自己在时间方面更加富有。

实验所带来的商业启示

付出一点点，收获许许多多。有点令人惊奇的是，似乎人们在帮助其他人方面花费时间的多少并不会对时间富裕得到提高的这种感觉产生影响。在那个参与者给一位重病孩子写信的实验中，一些参与者被要求在这个任务上花费三十分钟的时间，而其他人只在这个任务上面花费了十五分钟。然而，在接下来的实验中，两组参与者都拥有着相似的信念，认为自己未来的时间是无限的。这样看来，即使你只花费了一点点时间去帮助其他人，也会对你大有帮助，因为这能够让你觉得自己拥有了更多的时间。

挤出时间。从个人的角度来说，你应该寻求各种机会把这项实验付诸实践，通过腾出一点点的时间去帮助其他人——即使只是打个电话或发一封电子邮件去帮助你的同事。另一方面，公司应该将这个过程制度化，让员工们奉献一些时间回馈社会，比如通过公益活动。认为自己没有足够的时间去完成工作将导致巨大的压力感和紧张感，如果花费一点点时间去帮助别人，这样不仅可以减轻压力，而且可以让你觉得更有效率（因此，有可能使你的生产力得到提高），似乎挤出一些时间帮助那些有需要的人是一种显而易见的不错选择。

你可以对此说些什么 ⟶

"我感觉自己完全陷入了困境——我没有时间去帮助其他人，更不用说帮助我自己了，但是也许我应该使用这种方法。"

"我们已经将很多时间耽搁在检查邮件，上网闲逛上了，但我们却没有感觉更好。帮助其他人这种简单的方式也许可以改变这种状况。"

"今天晚上我本打算通过看电视来放松自己。后来，我决定给一位需要帮助的朋友打一个电话，看看我是否可以为他提供一些帮助。"

第二部分

关于管理的实验

101
BUSINESS IDEAS
THAT WILL CHANGE
THE WAY YOU WORK

第4章
关于领导艺术的实验

实验 38
为什么领导的有效性取决于与员工的关系

领导的有效性取决于在领导者与成员关系方面不断变化的标准。

关于实验

相当多的研究都强调了"领导—成员交换理论"（Leader-Member Exchanges，LMX）可能对工作满意度、文化一致性。比如，积极的 LMX 关系可能促进领导和成员分享相同的价值理念和工作表现产生影响。来自美国密歇根大学的专业学者在他们的分析中做了更深入的探讨，提出了这样一个问题：随着时间的推移，这种关系将发生怎样的变化？

学者将 LMX 关系设置在一个特定的环境中。在这个环境中，69 名 MBA 学生担任领导，各自带领着 4 到 5 名本科生，在 8 个星期的时间里互相竞争。设计这样一种环境是为了反映真实生活中团队的动态活动。拥有丰富经验的个人（在这项实验中，领导的平均年龄为 28 岁，他们平均拥有 4.5 年的工作经验），通常管理年轻的同事（在这项实验中，他们的平均年龄为 22 岁，工作经验较少）。通过这项研究中，实验人员可以分析 330 种领导和成员的"两项关系"（一个个体和另一个个体的关系）。

为什么这很重要

这项实验中获得的以下发现非常具有吸引力。

在 8 个星期的时间内，领导和成员关系随着时间的推移慢慢地得到了改善。因此，如果你正在开始一个新的项目或担当一个新的角色，却对目前的工作关系有点担忧的话，那就不要太过担心了，随着时间的推移，你们的关系将会越来越好。

在关系的初级阶段，领导和他的成员使用不同的标准来评估 LMX 关系的质量（优质的关系被定义为双方都认识到对方的潜力，且这种关系是高效的）。领导倾向于将他们的评估建立在团队成员性格的外向程度上，而成员则倾向于将他们的评估建立在领导的亲和程度上。

在后期，领导和他的成员又会使用不同的标准来评估 LMX 关系的质量，并且他们的评估标准会有更多相同点。最后，表现成了推动成员关系的最大动力。

实验所带来的商业启示

不管你是领导，还是团队成员，这项研究对你而言，都有着非常重要的意义。它告诉你，在试图创建良好的工作关系时，你应当如何表现。

最初，第一印象的确很重要，早期的评估并不总是建立在特别客观的标准上。在没有共同的经历，对个人的表现不存在可靠的评价指标时，人们可能会根据人际交往来对于关系的有效性进行评估。大家可能会考虑某个人有多健谈或多会社交（外向性），抑或是某个人有多可信或具有协作精神（亲和性）多好。

随着时间的推移，关系通常会得到改善，我们更多地会从个人表现来进行评估。这点着实令人安心，在理想的状态下，对人的评判应该建立在他的能力上，而不应该建立在亲和力上。然而，我们都知道第一印象非常重要，同时良好的工作关系也将带来团队满意度的提高和良好组织的形成。而且，我们往往在某项任务上面所花费的时间并不足够，也无法真正表现出自己最佳的水平。

所以如果你想要给别人留下好的印象，那么以下就是你需要做的事情：如果你是一名团队成员，友好一点，健谈一点；如果你是一位领导，信任你的下属，表现出你良好的秉性。

—— 你可以对此说些什么 ——→ 101 BUSINESS IDEAS
THAT WILL CHANGE THE
WAY YOU WORK

"你和你的新老板相处得如何？你以什么标准评估你们的关系呢？"

"我才刚刚开始从事这份工作，我想先在一个轻松的社交环境中认识每一个人。"

"不要低估对其他人友善这一行为所产生的影响。"

实验 39
为什么情绪反复无常的领导
对员工的伤害最大

经理身上精神分裂症般的行为会使员工产生极大的焦虑感。

关于实验

在对斯洛伐克共和国 340 多名警官所做的一项研究中，研究人员发现对员工产生最糟糕的情绪影响的是那些在很短的一段时间内，将"社交上具有破坏性的"行为（如批评和侮辱）和支持性的行为一同表现的经理。研究人员从五个维度衡量了这些行为对员工产生的影响，这五个维度分别是：（1）自信心；（2）组织认同感；（3）积极的反生产行为；（4）消极的反生产行为；（5）身心疾病。

结果显示，当一名经理或主管同时表现敌意和支持两种混淆的信息时，这五种特质受到的负面影响最严重。令人吃惊的是，研究人员还发现，当员工处于非常困难的时期时，通过给予帮助和支持以试图减轻经理对员工的伤害，这种支持几乎是可以忽略的。貌似，糟糕的老板会给员工带来无法弥补的伤害。

为什么这很重要

通常，经理总是被教导在给员工提供反馈信息时，要保持建设性批评和直率的批评这两者之间的平衡。如果做得好，这样可能很有效。但是，就像在斯洛伐克做的那项研究发现一样，如果做得不好，批评的方式可能会使员工感觉受到了伤害，那么这就可能给员工带来困惑和焦虑。

实验所带来的商业启示

避免造成不必要的情绪焦虑，在给予员工两种完全不同的反馈时，中间留一段时间作为缓冲。

如果不能留出时间空档，那么要确保不要将任何称赞或批评极端化。因为如果接下来必须要给出自相矛盾的反馈，将极端的情绪最小化，可能产生的消极影响也会最小。

———— 你可以对此说些什么 ————→ 101 BUSINESS IDEAS THAT WILL CHANGE THE WAY YOU WORK

"我刚刚和他谈了一下他那份不合格的报告。现在我不想过去拍拍他的肩膀，告诉他他的演讲非常棒，以避免他产生不必要的困惑。我打算过几天，再表扬他。"

"当你传达任何反馈信息的时，一定要控制你的情绪——不管是积极的或是消极的。"

"如果你是经理，你就不可能是每个人的朋友。"

实验 40
是什么成就了一名优秀的CEO

呆板、勤奋以及超越领袖气质和魅力，是身为首席执行官应具有的优秀品质。

关于实验

高管的薪资不断上涨已经成为不可阻挡的趋势，因此，"是什么成就了一名优秀的首席执行官"成为了一个蕴藏着几百万美元的问题。在 2000 年至 2006 年期间，一项研究对 316 位有望成为公司首席执行官人员的私人股本交易进行了详细分析。该研究得出了这样一个结论，不管是负责收购执行总裁还是风险投资执行总裁，"与沟通或人际关系相关的技能相比，成功与执行力和意志力的关系更加密切。"换句话说，与拥有良好的倾听、团队建设或雄辩技能的首席执行官相比，那些擅长处理细节，能把事情做好的执行总裁表现得更优秀。在更早的一项研究中，来自耶鲁大学和匹兹堡大学的学者对美国大型企业的 128 名首席执行官的表现进行了分析，并得出了一个相似的结论。研究人员发现，"公司的业绩可能会影响领导的魅力，但领导的魅力未必会影响公司的业绩，即使在加入了环境不确定性可能带来的影响因素之后，结果仍是如此"。换而言之，人们通常认为好的公司必须由有领导魅力的首席执行官来领导，但是研究却证明这两者之间不存在因果关系，无法证明具有领导魅力的首席执行官能推动公司的业绩。

为什么这很重要

似乎人们常常认为业绩好的公司一定拥有优秀的领导，事实上这可能只是"光环效应"（halo effect）的变种。首席执行官真正的附加值来自于对战略的不懈执行、努力工作和对细节的关注。20 世纪，在对企业领导的一项调查中，来自密歇根州立大学的研究人员得出了相似的结论："责任心是预测首席执行官和其他岗位人员表现的有效参照物。"责任心的重点在于认真地处理细节问题。

实验所带来的商业启示

长久以来，领导气质和引人注目一直被看做是任何领导身上吸引人的特质。在每一个英勇的团队故事中，鼓舞他人的能力，不管是体育上成功，还是公司的成功，抑或是英勇的军事行为，通常被描述为这些故事中伟大领袖身上必不可少的特质。但是细细研究后得到的证据却无法支持"是这些性格特征成就了伟大的商业领袖"这一假设。如果你认为自己太呆板了而无法进入公司的最高管理层，或者对于细节太过于专注了，那你应该重新思考下是否是其他问题。真正伟大的首席执行官通过他们的行动，而不是他们的言语，来给人们留下深刻印象。

你可以对此说些什么 ——→ 101 BUSINESS IDEAS
THAT WILL CHANGE THE
WAY YOU WORK

"我听到人们说：'他真的可以命令整个房间的人'，所以他注定要成为首席执行官。事实上，我并不认同这个逻辑。如果他非常擅长处理细节问题，那么他将进入最高管理层。"

"他太过张扬了！我想要一个真正能把事情办好的人，而不是要一个会在摄像机前摆造型的人。"

"好的队员未必能够成为好的队长。"

实验 41
如何分辨领导是否在说谎

整天把团队挂在嘴边的人可能说的全是谎言。

关于实验

2003 年至 2007 年期间，在对由美国的首席执行官或首席财务官主持的近 30 000 个电话会议的文稿进行分析后，来自斯坦福大学商学院的大卫·拉克尔（David Larcker）和安娜塔西亚·察可尤基娜（Anastasia Zakolyukina）研究发现了领导在说谎时泄露秘密的征兆。两位教授分析了领导在电话会议上讨论公司盈利情况的发言，而后他们又对公司的财政状况进行了"实质重述"（利用这一系列事件作为可能撒谎的指标），他们发现两个语言上的特点可以作为看出领导人在报告中对收入没有做出真实报告的线索：首先，那些修改公司财务状况的首席执行官或首席财务官，在摘要中提到自己的公司时，更可能使用第三人称，因此与"我"和"我们"这样的人称代词相比，他们更可能使用"该公司"和"该团队"，似乎，撒谎的人在心理上喜欢疏远自己的公司；第二，撒谎的领导喜欢使用夸张的词语，比如，"棒极了"将会代替"很好"，他们似乎在用言过其实的说法掩盖自己的谎言。

值得注意的是，研究者也指出了他们的研究报告所存在的一些局限性，他们用来分析电话会议文稿的分析模型要比随机选择的优秀 4% 至 6%——但是，好的不等于是最有代表性的。另外，他们也无法将那些有意撒谎的领导和那些在开会时相信自己所说的的确是正确的领导区分开来，虽然随着时间的推移，他们的想法被证明是错误的。但是，他们似乎为我们找到了一些非常有帮助的语言线索，让我们可以仔细去听领导的讲话。

为什么这很重要

如果公司好比人体，那么首席执行官或首席财务官明显就是嘴巴（如果没有其他管理人员）。投资者根据首席执行官公开谈论的每一个字，来从中找到一些公司战略的线索，希望这些线索可以帮助他们在做决定时获得一些优势。同样，监控者也需要留意商业领袖所说的话，确定他们所说的是否真实可信。哥伦比亚大学所做的另一项研究也指出了，有权力的人撒谎的本事更好。任何可以使我们了解商业领袖在撒谎的语言线索都是非常重要的，是不容忽视的信息。

实验所带来的商业启示

可能，这项研究最大的受益者是企业的公关专家和想要隐藏一些东西的行政人员。如果他们想要撒个小谎，以下信息需要注意。

不要做得过火。比如，财务业绩并不是"棒极了"，而要把它评价为健康的。

不要疏远自己的公司。比如，"市场"并没有体现出"该公司"表现得很好，而是"我认为我们表现得很好"。

── 你可以对此说些什么 ────→ 101 BUSINESS IDEAS
THAT WILL CHANGE THE
WAY YOU WORK

"我想要让自己听起来真诚一些，所以我打算说得简单一些：'我对于我们所取得的成绩感到非常骄傲。'"

"在谈论公司时，她使用了热情洋溢的辞藻……她正在试图掩盖一些东西吗？"

"保持简单明了。"

实验 42
关于领导头上的光环效应

他对数字非常敏感，所以我认为他肯定能成为一名优秀的老板……

关于实验

1920 年，美国心理学家爱德华·桑代克（Edward Thorndike）在研究中分析了指挥官是如何根据一系列既定的指标来对士兵的技术和能力做出评价的。在调查指挥官各具特点的评价之间是否具有联系时，桑代克发现各个特点之间具有高度的相关性，这一发现非常令人困惑。用桑代克的话来说，"对于同一个人许多不同特点进行评估，如智商、勤勉、专门技术、可信度等，可以看出这些特点具有高度的相关性，而且相关性非常明显……很有可能那些进行评价的人无法分析一个人的本性和成就的各个不同方面，仅仅根据其中一项来评价另外的几项。"更近一些的研究也解释了这种偏见在各个不同的领域都有所体现。人们认为，与那些外表普通的人相比，外表迷人的人生活得更加快乐、更加聪明、更加可靠（参阅实验83）。

为什么这很重要

瑞士洛桑国际管理发展学院的教授菲尔·罗森茨威格（Phil Rosenzweig），指出了"光环效应"在企业中的广泛应用。他认为流行的商业书籍，如《追求卓越》(In Search of Excellence)，《基业长青》(Built to Last) 和《从优秀到卓越》(Good to Great)，通常会表现出这种偏见。这些书籍通常假设一个公司的高股价必定是公司领导者卓越的战略方向的体现或者高营运收入率只可能是愿景式领导带来的结果。他们将相关性误认为是因果关系或者陷入了其他各种分析缺陷。正如罗森茨威格所说的那样："这些书籍声称已经找出了推动公司表现良好的原因，但是它们体现的只是人们描述的高绩效企业的运作方式。"

光环效应是彼得原则（Peter Principle）的一种流行变体。该理论描述的是在大多数机构中，个人总是被晋升至他们能力所不及的职位上。这通常是因为错误的逻辑造成的。比如，一位优秀的工程师一定能够成为管理工程师团队的经理的这种逻辑，即工程师可能因为他的优秀表现获得奖励，被晋升担任管理角色，即使他真正的强项在于技术，而不在于管理。

实验所带来的商业启示

给别人留下一个好的第一印象。确保自己最突出的外在表现——不论是你的网站，你的客户服务团队所使用的语言和语调，或是你的衣着，尽可能毫无瑕疵。光环效应意味着，其他人很可能基于这些第一印象对你的其他方面（或你的性格）做出预想。

利用你的光环。许多公司已经通过这种方法成功地扩展业务，开拓新的行业和市场。比如，苹果公司从一个生产昂贵电脑的专业小公司发展成为一个对大众市场产生巨大吸引力的公司。消费者基于对过去产品的好评，购买了新的产品，即使两个产品在本质上完全不同。然而，其他公司就没有那么成功了——还有人记得哈雷-戴维森香水吗？

阐明你的假设。为了防止陷入光环陷阱，一定要阐明你为什么相信某件事情。比如，在招聘新员工的过程中，你可能被要求按照一系列的标准对候选人进行评估（领导能力、人际关系技巧、分析能力等等），也有可能你会根据自己（消极的或积极的）对领导能力的看法，对某个人的分析能力做出评价，但这两者未必相互联系。

—— 你可以对此说些什么 ——→ 101 BUSINESS IDEAS
THAT WILL CHANGE THE
WAY YOU WORK

"一定要记住，成为优秀的管理人员和成为一名优秀的领导所需的技能存在很大的差别。"

"他可能是一位优秀的分析师，但这样就能使他成为一名优秀的经理吗？"

"在他的职业生涯中，幸运之神一直眷顾着他——他取得了一次巨大的成功，从那以后他就一直活在这次成功的光环之下。"

实验 43

高处不胜寒：为什么权力会导致多疑

权力会导致多疑。

关于实验

根据德国政治学家汉斯·摩根索

（Hans Morgenthau）对爱情富有想象力

的思考，来自于英国伦敦商学院、美国斯坦福大学以及西北大学的研究人员向人们展现了，权力可能会对我们信任他人的能力产生侵蚀性的影响。研究人员做了涵盖了各个不同的工作领域（甚至包括军事机构）的五项调查，在调查中，参与者被分为拥有很大权力的人和权力不大的人。该研究从多个角度定义了"权力"这个概念，包括工作等级（比如，经理和下属）、工资差距或社会地位。在所有的情形中，研究人员提议或要求拥有权力的人想象同事、同伴或伴侣对他们的友好行为和慷慨行为时，他们不会特别心存感激，回馈他人慷慨行为的可能性也更小。另外，与权力不大的人相比，拥有很大权力的人在处理夫妻关系的时候，表现出的责任感更弱。

为什么这很重要

研究人员概述了摩根索的话——"人们之所以追求权力，是因为他们想要获得其他人的支持，但是一旦掌握了权力，他们和其他人的关系和感情就会因为这些行为背后模糊的含义受到玷污。"鉴于商业在很大程度上取决于对关系的信任，并且我们知道来自广阔领域的支持也是在商业领域获得成功的必要因素

（参阅实验 8），这就成了非常令人担忧的消息。拥有很大权力的人和权力不大的人都应该承认，权力的不平等可能会危害信任从而导致多疑这一事实，这对于克服多疑的心理毫无帮助。

实验所带来的商业启示

这项研究的确回避了一个更深层次的问题：掌握权力的人对试图利用他们的人更加怀疑，这种做法对吗？到目前为止，对这个问题的研究仍旧很少，但是在考虑这类事务的时候，我们还是应该记住这个问题。拥有很大权力的人通常需要保护自己的财富和名誉，因此，过度的防范可能并不是那么糟糕的事情。但是这种做法需要小心地去抑制——如果不能信任任何人，那么身居高位就将是非常孤独的，会是非常不愉快的经历。

—— 你可以对此说些什么 ——→ 101 BUSINESS IDEAS
THAT WILL CHANGE THE
WAY YOU WORK

"我们应该帮助她。我知道看起来她好像并不信任我们，但是即使她不信任我们也是可以理解的——因为她很担心会失去什么。"

"是什么导致了我的愤世嫉俗和怀疑主义？如果是因为我觉得其他人都在企图利用我才会这样，那么我这么想是否对呢？"

"每一位首席执行官都需要一个真正可以信赖、可以吐露心声的人。"

实验 44

如何成为一名最好的决策者

最好的决策者是那些积极地和其他人进行讨论，并听取多样化的建议和想法后做出决定的人。

关于实验

1906 年，84 岁高龄的英格兰维多利亚时代统计学家弗朗西斯·高尔顿爵士（Sir Francis Galton）参加了一年一度的英格兰西部食用畜禽展览会（West of England of Fat Stock and Poultry Exhibition）。在展览会上，高尔顿看到了人们正在进行一场猜公牛重量的比赛。在每人付了 6 便士之后，共有 800 个人参加了比赛。高尔顿观察到参加比赛的很多人都不是专家。高尔顿从组织者那里拿到了所有参赛者的答案并做了一些数据统计，计算了所有预测的平均数——参赛的人们认为公牛的重量为 1 197 磅，而公牛的真正重量是 1 198 磅。展览会上人们的群体智慧精确到了 1% 以内。在科学期刊《自然》（Nature）中，高尔顿对这个实验进行了总结，他这样写道："这个结果证明了，民主判断的可靠性似乎比我们预期的更强。"

为什么这很重要

"对首席执行官的崇拜"已经导致了不健康的，甚至是危险的期待，由于这种崇拜，人们把集体的智慧全部寄托在少数的机构领导身上。法学学者凯斯·桑斯坦（Cass Sunstein）认为最近政府部门或公司所做出的大部分错误决定，如伊拉克战争的正当性，安然公司虚报账目，哥伦比亚号航天飞船灾难都可以用信息茧房（information cocoons）来解释。在这些情况中，领导们和主要的决策小组没有将可获取的、广泛的、多样化的意见考虑进去。随着技术的不断发展，使大量的利益相关者参与到决策中去变得越来越容易，和过去的任何时候相比，要克服集体思维的失败也变得更加容易。然而，即使形成了人数众多的决策小组，许多糟糕的群体智慧仍旧明显地存在着——比如，股市泡沫。要避免这种形式的理性幻象（rational bubbles），就要确保小组中搜集的所有意见都是每个人独立思考之后形成的。詹姆斯·索罗维基（James Surowiecki）等作家强调，大多数情况下群体智慧发生错误的根本原因在于制度故障，个人过度关注其他人的意见，从而忽略了他们可能拥有的任何私人信息，最后遵从了所谓的群体智慧。

实验所带来的商业启示

在做决定时，一定要问问其他人的意见——特别是在艰难的决定上。从事信息管理的美国 EMC 公司，在获取提高公司效率的意见时，询问了公司的员工可以在哪些方面削减成本。通过这样做，高管们不仅发现了他们之前没有注意到的低效率领域，而且当他们在执行这些措施时，员工们对行动的认可度也更高，因为他们也参与了整个决策过程。

防止信息串联（information cascade）。信息串联是指个体观察其他人的行动（通常是比他们职位高的人），然后根据他们的行动做出决定，即使这个决定和他们的想法或私人信息相违背。在工作中，鼓励员工提问——每个人问一问自己为什么要这么做，这种做法可以带来很大的好处。只是因为其他人也正在这么做并不是一个足够好的理由。

充分利用信息。在你的公司内部，鼓励员工通过社交媒体进行信息的共享。公司可以通过维基百科、论坛和调查等简单方式来分享见解和信息，并从多样化的渠道获取各种知识。你获取的信息越多样化，你做出决策就会越好。

—— 你可以对此说些什么 ——→ 101 BUSINESS IDEAS THAT WILL CHANGE THE WAY YOU WORK

"领导力并不意味着只有一个人可以做出决策。"

"让我们问一下我们的员工和顾客，他们真正想要的是什么。"

"我们所做出的决定是基于我们过去的经验吗？可能我们需要一种全新的视角了。"

实验 45
如何成为像肯尼迪一样的魅力先生

要想变得更具魅力，有 12 个策略可以帮助到你。

关于实验

洛桑大学组织行为学的教授约翰·安东纳基斯（John Antonakis）领导的研究总结了 12 个魅力领导策略（charismatic leadership tactics, CLTs）来帮助你成为一名更加鼓舞人心的领导。该研究从"魅力是一种可以习得的技巧"这一首要原则出发，运用魅力领导策略培训了商业领袖，并且发现这些领导的感知有效性得到了显著的提高。在一个例子中，人们对刚刚经过魅力领导策略培训的领导，打出的分数比过去高出了 60%。

为什么这很重要

虽然领导的魅力也许不能促进实际业绩的提升（参阅实验 30），但是研究指出，与枯燥乏味的领导相比，人们认为具有魅力的领导办事效率更高。根据安东纳基斯的研究发现，在最近 10 次的美国总统选举中，有 8 次获胜候选人都比他们的对手运用了更多的魅力领导策略。将这一点牢牢记在心中，那么在下一次的季度业绩演讲中，你何不变得像巴拉克·奥巴马或者史蒂夫·乔布斯一样有魅力呢？

实验所带来的商业启示

这 12 种魅力领导策略分为语言策略和非语言策略两种类型。它们可以被运用到重要的演讲中或是日常工作的交流互动中。你不需要一次把所有的策略都用上（事实上，如果你在之前从来没有用过这些策略，那么这样做会有点分散听众的注意力），所以仔细地思考如何使用它们，在什么时候使用它们。下一次当你在为一次会议做准备的时候，考虑一下如何把这些策略加入到会议中去。

以下是语言魅力领导策略。

- 故事和轶事可以让你看起来更加人性化。比如，"和重病抗争，使我知道如何确保将时间花费在自己真正想要做的事情上面"。
- 明喻、暗喻和类比有助于让情形变得更易感知和更加真实。比如，"我们现在已经处于财政悬崖的边缘了"。
- 设问句可以令人难忘。比如，"当我们回顾自己的一生时，我们是否想要在一家自己可以引以为傲的公司工作呢？"。
- 对比有助于强调重点。比如，"不要问你的团队能为你做些什么，问一问你可以为你的团队做些什么"。
- 三个排比有很强的说服力，很有逻辑性，并且让人觉得非常全面。比如，"对于我们来说，这是正确的战略，因为它符合我们的核心价值，与市场状况相适应，同时迎合我们的核心竞争力"。

● 陈述道德信念有助于展示你的激情以及你的真实个性。比如，"我永远都不会做出任何损人利己的事情"。

● 反映集体的观点有利于使你成为人们的道德指南针。比如，"我们主张，一直要为纳税人的最佳利益而努力"。

● 设置高远的目标可以使你的愿景看起来更加鼓舞人心。比如，"在 5 年内，我们将会成为市场的领导者"。

● 将高远的目标和你可以实现这一目标的证据结合到一起，有助于激发信心。比如，"我使我以前的公司成为了该领域中最好的公司，在这里，我也将做同样的事情"。

以下是非语言魅力领导策略。

● 运用你的声音。从轻声说话,到提高音量,再到戏剧性的停顿,这有助于表达激情和激动。

● 利用你的脸部表情。比如，进行眼神交流或大笑这有助于支持你所传达的信息，使人们能够更好地记住它。

● 利用你的身体语言。手势或者甚至是姿势有助于清楚地阐明观点。

你可以对此说些什么 ——→ 101 BUSINESS IDEAS THAT WILL CHANGE THE WAY YOU WORK

"魅力不是与生俱来的技能，也不是只有极少数特别的人才能拥有的，你可以学习它。"

"下次准备演讲的时候，我打算加入一些魅力领导策略。"

"我们的分析只是可以使演讲获得成功的部分原因，我需要使用一些魅力领导策略，来真正提炼出关键的信息。"

实验 46
如何挑选你的接班人

领导的背景能说明他潜在的成功。

未过滤的，
谢谢

关于实验

通过对数以百计的商业、军事和政治领导进行分析后，来自哈佛商学院的塔姆·穆坤达（Gautam Mukunda）提出了一项理论，来解释与其他领导相比，为什么一些领导会对历史产生更大的影响力，以及为什么他们可以产生这样的影响。一般来说，大多数领导对自己领导的机构造成的影响都比较小。根据穆坤达的观点，机构通常通过三个因素来筛选领导，领导受筛选的程度决定了他们在历史上留下不可磨灭的印记的可能性有多大。在穆坤达的"领导筛选理论"（Leadership Filtration Theory）中，包含以下的三个因素：

外部的运营环境——比如经济状况或战争状况；

机构内部的动态——比如，领导因为官僚制度受挫的程度如何；

领导选拔——大多数领导选拔方式倾向于选拔和自己一个模子里刻出来的候选人，以保持现有的规章制度得以长久维系。

举一个例子说明"未筛选的"领导和"筛选的"领导分别是什么样的。从实践的角度上来说，约翰·肯尼迪被评价为"筛选的"领导，因为在他成为总统之前，他在参议院和众议院都拥有非常丰富的经验；相比之下，乔治·布什就是"未筛选的"领导，因为在成为总统之前，他只担任过六年的州长——因此，他拥有的经验相对较少。

为什么这很重要

从穆坤达的研究来看，领导的极端表现要么会产生非常大的影响，要么影响甚微。因此，这在很大程度上取决于这位领导的受筛选程度。虽然筛选的领导可能会产生很大的影响——比如比尔·克林顿，但是大多数时候，他们只会维持稳定的现状。

而未经筛选的领导，比如亚伯拉罕·林肯或温斯顿·丘吉尔，由于他们是相对的局外人，他们更有可能进行重组，尝试推动重大的变革。

实验所带来的商业启示

穆坤达的研究指出，虽然想要进行彻底变革的企业也许会希望挑选一名未筛选的领导，但这么做也会有一定的风险。未筛选的领导更有可能导致极端糟糕的表现，也更难评估他们是否适合这个职位。

对于那些考虑聘用一名未筛选的领导的企业来说，穆坤达建议应该明智地将候选人的技能与可能激发他们潜在领导力的特定背景（比如，经济困难时期或光明的增长前景）相结合起来。不要将候选人在任职之前所做的有关个人信仰的陈述，当做单纯的辞令而置之不理，因为他们也许比那些筛选过的领导更加真实。试着挑选一位在其他背景中被成功筛选的领导，以便他们更加懂得如何适应官僚主义的规则。

─── 你可以对此说些什么 → 101 BUSINESS IDEAS
THAT WILL CHANGE THE
WAY YOU WORK

"他完全了解这种体制。他应该能够在艰难时期领导我们的公司稳定地运营。"

"如果我们正在寻找一位激进的理想主义者,那么我们需要在舒适区以外寻找候选人。"

"她听上去是一位不错的候选人,但是我们必须知道这么做会冒上很大的风险,因为我们对她并不是很了解。"

实验 47
不同的领导风格会对公司战略产生怎样的影响

成功的战略变革需要得到公司所有层级的领导支持。

关于实验

你如何才能成功地实施重要的战略变革?这个问题正是来自于斯坦福大学商学院的一组研究人员想要回答的问题,查尔斯·奥莱利(Charles O'Reilly)率领着一组研究人员试图通过分析一家大型医疗机构——KP 公司(Kaiser Permanente)的战略实施来找出答案。随着供应商数量的不断增长,拥有 100 万会员和将近 20 家诊所的 KP 公司正面临着不断增长的竞争压力。在公司内部进行讨论之后,KP 公司决定实施一项新的战略——不再专注于成为一家价格低廉的卫生保健供应商，而是试图通过卓越的质量和服务使自己在众多供应商中脱颖而出。在实践中，这意味着重大的运营改革，比如新的调度程序系统以及新的电话中心。变革的成功与否要通过病人的满意度来衡量。

为什么这很重要

大量的研究都专注于探讨什么是领导力，但是到目前为止，很少有研究专注于严格地分析不同的领导风格会对运营业绩产生怎样的影响。在非常复杂的领域，比如在医疗保健机构，经理的意见和临床医生的意见往往存在差异，领导们如何行动就成了一个非常关键的问题。通过调查，奥莱利对 KP 公司的研究人员得出了三个富有洞察力的结论。

1. 我们应该更仔细地分解公司领导的概念。在公司不同部门的运营中，存在着几种不同形式的领导。大致来说，他们可以被分为三个层面：公司层面（比如，高级管理层）；业务部门层面（比如，财务总监）；以及部门领导层面（比如，财务和信息主管）。这些不同的领导层面如何进行合作对于变革能否成功地实施具有至关重要的影响。

2. 公司中的员工认为首席执行官和部门主管的能力越强，主要的前线工作人员（在 KP 公司的例子中，是指那些医生）支持战略实施的可能性越大。

3. 如果企业的其他人员认为各个领导层面非常和谐，那么公司特定的目标（在这个例子中，则是提高病人的满意度）得以实现的可能性越大。从本质上来说，要使员工为实现机构目标贡献一份力量，他们必须要相信自己的领导正在携手合作，共同努力。

实验所带来的商业启示

寻求共识。在对 KP 公司的研究中发现了在企业内部，能感知到领导间的和谐所起的重要作用。在开始实施一项新的战略之前，首席执行官应该要坚信公司内部所有的领导都完全一致地支持这一战略。如果领导们不支持，那么员工就会从不同的领导层获得不同的信息，这样他们就会对这一战略不抱任何幻想，因此也不会接受必要性的变革。那么，公司的业绩也可能会低于标准水平。

你可以对此说些什么 ⟶ 101 BUSINESS IDEAS THAT WILL CHANGE THE WAY YOU WORK

"我们必须确保公司中的每一位经理完全地理解我们正在做什么，我们为什么要这么做。"

"对于这个战略，我需要你的支持，否则它就不可能成功。"

"和谐就是关键。"

实验 48
伟大的领导如何给其他人带来启示

与你做什么事情相比，你为什么做某件事情要重要得多。

关于实验

证明公司使命、公司的价值和身份的好处是一件非常棘手的事情。一般说来，在这个话题上，研究人员可以被分为两种：一种认为不管这些宣言是什么，都没有任何价值；

而另一种则认为，在测试进一步影响之前，应该花更多的努力去适当地定义企业价值。哥伦比亚大学的讲师西蒙·斯涅克（Simon Sinek）避开复杂的定量分析，提出了一个简单直观的、具有说服力的框架，这个框架描述了伟大的领导和公司如何给其他人带来启示，这个框架被称为"黄金圈法则"（Golden Circle）。根据这个理论，重要的启示来自于和其他人的沟通，过程如下：

解释你为什么做这件事情→详细说明你要怎么做→描述你要做什么

斯涅克将生物学对人脑如何运作的研究应用于他的理论并指出，"为什么"和"怎么做"能够吸引情绪，如信赖，它们是由大脑的边缘部分处理的，然而"是什么"是由处理理性和合理性的那部分大脑处理的——即新皮质。

为什么这很重要

根据斯涅克的观点，大多数公司在向消费者传递信息时，往往非常显得如此枯燥乏味，一点也不鼓舞人心，而只是传递了理性的信息，只处理了黄金圈中"是什么"的那部分。因此，一位无趣的首席执行官可能会向投资者这样宣布："我们的最新产品拥有非凡的功能，远远超过其他竞争者的产品"。相比之下，一位鼓舞人心的领导和公司会以"为什么"开始。在斯涅克的 TED 演讲中，他提到苹果公司是这样向顾客传递他们的信息的：

为什么：我们在做每一件事情的时候，都主张对现状提出挑战。我们主张以不同的方式思考问题。

怎么做：我们对现状提出挑战的方式是把我们的产品设计得更加美观，操作简单，具有人性化。

是什么：我们生产了非常棒的计算机。你想要一台吗？

实验所带来的商业启示

要鼓舞其他人，你需要超越世俗。首先，你需要清晰明确地表达你为什么要做某件事情，你主张什么，是什么原因让你为此奋斗。消费者之所以购买会因为原因和理念，而不是产品。无趣的领导只知道自己在做什么——"我是 X 公司的首席执行官"。聪明的领导也许知道他们在做什么，他们是怎么做的——"我是 X 公司的首席执行官，我们通过在该领域提供无与伦比的客户服务，为我们的股东提升价值"。

真正鼓舞人心的领导会完全颠覆传统的沟通模式，首先说明他们以及他们所在的公司主张什么；正因为这种主张，他们为顾客提供了什么服务和产品，而不是将这两个过程颠倒过来。

将斯涅克的黄金圈理论运用到你的工作生活中去。你为什么在做正在做的事情？你的公司为什么在做它正在做的事情？你如何将你的这种工作生活的目的传递给其他人？你也许要重新考虑一下这个问题，然后从为什么，而不是是什么开始陈述。

你可以对此说些什么 → 101 BUSINESS IDEAS THAT WILL CHANGE THE WAY YOU WORK

"我有一个梦想"要比"我有一个计划"听起来更加鼓舞人心。

"我知道他正在说的事情非常有意义，但是他所说的一点也没让我兴奋起来。我的大脑新皮质参与其中了，但是我的大脑边缘系统却觉得无聊透顶。"

"很多人向我们提供了相似的产品（我们的'是什么'），所以我们需要用'为什么'我们会这么做来让自己脱颖而出。"

101
BUSINESS IDEAS
THAT WILL CHANGE
THE WAY YOU WORK

第5章
关于团队管理的实验

实验 49
超级明星在团队中的消极影响

如果一个团队中存在着一位超级明星，这可能会对其他人的表现产生消极的影响。

关于实验

在 1999 年至 2010 年期间，老虎·伍兹（Tiger Woods）无疑是高尔夫球界的王者。他总是位列世界第一，总是被认为比他的竞争对手更优秀。像伍兹这样的超级明星在场，是能够激励竞争对手们提高他们的竞争能力，这通常被商业领域和体育领域看做是一条常用的准则。美国西北大学的一位经济学家珍妮弗·布朗（Jennifer Brown）对这一观点提出了挑战。她惊奇地发现，事实与此恰恰相反。事实上，在对 1999 年至 2010 年期间的职业高尔夫巡回赛的数据进行分析后，布朗发现，与伍兹不参赛相比，当伍兹参加比赛时，竞争对手击球杆数平均要高 0.8杆（因此，成绩更差）。在那些与伍兹直接进行比赛的较高技能的高尔夫球手中，这种"超级明星"效应最为明显。伍兹和他的同行之间的技术差距导致了竞争力的下降，而不是竞争力的提高。布朗预测，由于"超级明星"效应，伍兹在这段时间里赚得了超过六百万美元的可观收入。

哈佛大学商学院正在进行的研究也得出了和布朗一样的结论（尽管其他人，如美国北卡罗来纳大学的两位教授，对布朗的发现提出了质疑）。这项研究提出了三种机制，以解释竞争对手表现下降这种现象：努力程度的下降（"这么努力有什么意义呢"）；冒险精神加剧（"我需要做一些惊人的事情，才能赢得这次比赛"）；认知错误的上升（"我更加努力了，可是我似乎犯了更多的错误"）。

为什么这很重要

如果说在比赛中有一个超级巨星般的人在场真的会导致对手努力程度的降低，那么我们就必须格外小心了，因为在体育领域发生的状况同样能转移到工作中。律师事务所和咨询公司通常采用凯威系统（Cravath System）的"不升职就离职"的政策（要么迅速地进步，要么离开去其他地方工作），它们认为激烈的竞争将会使员工的表现更加出色。然而，这项研究指出，职场中的超级明星至少会对其他人的表现产生影响。这似乎违背商业常理，但是任何体育迷都会意识到这种进退两难的感觉，当一个弱队和一个绝对比他们强的队进行比赛时——他们应该为了明天的比赛保留实力，还是尽管知道自己肯定会失败，仍旧勇往直前，拼尽全力去迎接挑战呢？

实验所带来的商业启示

将"超级明星"特质和真正的美德结合起来。那些仅仅重视一小部分技能的公司，往往更可能出现明显的"超级明星"。比如，在一个公司里，财务业绩是最被视为珍宝的结果，那么成交最多生意的人或是获得最多投资回报的人就可能标记为"超级明星"。然而，这些人可能是最狭义的"超级明星"，他们的人际交往能力可能很差，客户服务和团队建设能力也同样不容乐观。如果"超级巨星"可能真的会对其他人造成不良的影响，那么一定要保证它不能变成一个分量不足够重的标签，以免员工们轻轻松松就能达到。

让超级明星们在各个部门之间流动。确保表现最好的员工在公司内部经常流动。这样，他们不仅能更大程度地了解整个公司的运作状况，而且他们可能对某个特定的团队产生的消极影响也是短期的，那么这种消极影响就能被最小化。

将奖赏范围进一步扩大。布朗的研究主要聚焦零和排序的比赛上，在这些比赛中有着明显的获胜者。在职场中，"每月员工"奖项或表现排名表是这类孤注一掷比赛的表现形式。应避免这类的比赛，用以团队为基础的绩效认可来取代它，或是设置多个奖项来替代孤注一掷的形式（比如，消费者满意度最高员工，最佳创新者，最有效率员工，等等）。这样，就可以有很多获胜者。

—— 你可以对此说些什么 ——→ 101 BUSINESS IDEAS THAT WILL CHANGE THE WAY YOU WORK

"团队奖项可以在工作场所中避免一些因竞争而带来的消极影响。"

"在她的支持者中，她的确是一位十足的超级明星，但是我们也一定要认可其他人良好的工作表现。"

"谁是我们中的超级明星，我们要用什么策略来管理他们？"

实验 50
情绪感染对团队的影响力

团体动态会影响团体成员的感受，从而在工作中反映出来。

关于实验

你在工作中的情绪或表现会影响其他人的状态吗？大量基于情绪感染（emotional contagion）的研究（情绪如何在团队和团队成员之间传播）指出：在大多数情况下，你的情绪的确会影响其他人的情绪状态。在一项被多次引用的实验中——该实验的参与者包括演员和商学院学生，沃顿商学院的西加尔·巴萨德教授（Sigal Barsade）做了一项研究，研究得出的结论是：在团体中，积极的情绪感染会使"团队争论更少，团队合作更好，合作性的决策选择更多"，而消极的情绪感染则会带来相反的结果。另一份由道格·普格（Doug Pugh）所写的论文指出，在服务行业中，顾客可以通过情绪感染过程——情绪——服务人员的状态。换句话说，如果服务人员对顾客的服务态度是友好的、善意的、积极的，那么顾客也会因此获得更加积极的情绪。进一步的研究也加强了这一观点，且研究也告诫服务人员不真诚的"积极性"也会对顾客产生消极影响。

为什么这很重要

在工作中，不管是上级领导、平级同事或是下属在工作中表现出的行为都将给周围的人带来巨大的影响。虽然积极状态不能被习得或强迫，但是我们应该注意到自己的行为，以及这些行为对其他人带来的影响。通过这项研究，"微笑服务"这一简单的口号变得更加重要了。

实验所带来的商业启示

团队经理或领导要重视这项研究。知道你的积极情绪可以传播给你的团队或你的同事，这并不奇怪。更重要的是，要知道你的消极情绪也可以传播给团队中的其他人。在权力动态中，领导掌握的权力越大，领导带来的情绪感染效就越可能会加倍。

任何从事客户服务的人都必须意识到他们的情绪可能对他们的服务对象产生影响。如果你想要自己的顾客快乐起来，首先要保证为他们提供服务的人要快乐起来。

你可以对此说些什么 ——→ 101 BUSINESS IDEAS
THAT WILL CHANGE THE
WAY YOU WORK

"今天我处于负面情绪中——我要注意不要把自己的这种负面情绪感染给其他人。"

"快乐的公司拥有快乐的顾客。"

"我们如何在公司创建一种积极的环境。"

实验 51
如何避免圈子文化在公司的泛滥

那些感受到密切的群体关系的个人，有疏远以及对团队以外成员不近人情的不健康倾向。

关于实验

虽然有很多证据显示，个人可以从密切的社交网络中获得生理和心理上的益处，但有研究还显示了密切的社交关系也可能导致"密切联系的群体"糟糕地对待群体以外的人群，甚至表现出不近人情的行为。

来自凯洛格商学院的亚当·维茨（Adam Waytz）以及来自于芝加哥大学商学院的尼古拉斯·埃普利（Nicholas Epley）在他们所做的一项研究中发现，拥有密切社交关系的群体，非常有可能对群体以外的成员表现出不近人情的行为。在这项研究中，研究人员共做了四个实验。前三个实验发现，当人们被要求想一想他们亲近的人，然后被问及他们社交圈子以外的个人相关的几个问题时，他们更可能对他们所认为的圈外人不会表现出人道主义行为（比如，较强的思维能力或个体自主性）。在第四个试验中，研究人员向实验的参与者展示了9.11恐怖袭击中的照片，以及声称对该袭击负责的恐怖分子的照片。其中一个小组的参与者和各自的朋友组成两人小组，然后询问他们是否应该在审讯中使用折磨手段。在控制组中，参与者和陌生人结成了两人小组，并被询问相同的问题。同与陌生人配对的小组相比，那些与朋友配对结成小组的人明显更愿意对恐怖主义嫌犯实施不人道的行为，支持通过折磨伤害他们。

为什么这很重要

商业活动通常以团队关系或内部人—外部人关系为中心。在外部的顾问—客户关系中，通常会听到顾客抱怨顾问不了解他们的问题。最新兼并的公司常常非常努力地去融入新的公司从而成为合作伙伴关系。在竞争非常激烈的公司中，人们通常认为在公司中建立竞争性的团队动态有助于提升整体表现。而这项研究指出，创建具有合作精神的环境更有可能提升团队的表现。

实验所带来的商业启示

通过调换团队成员，使团队动力保持新鲜，这将有助于在团队中引入新的见解，防止一个团队脱离其他的团队。

如果你发现自己团队的成员在议论其他团队的成员："我不理解他们的问题是什么，但是他们就是理解不了。"这很可能是你的团队的问题，而不是其他团队的问题。

向工作团队之外的人询问，了解他们对工作上相关问题的看法。如果你一直向你的团队成员寻求意见，你可能最终会制造一种毫无帮助的"竖井心理"（silo mentality）。

―――― 你可以对此说些什么 ――――→ 101 BUSINESS IDEAS
THAT WILL CHANGE THE
WAY YOU WORK

"他们想的或做的和我们都不一样。"

"让我们设身处地地考虑他们的处境。"

"团队精神很伟大，但是我们不应该让自己和公司的其他团队相脱离。"

实验 52
薪酬差距对团队表现的影响

什么时候工资差距能够改善团队
表现。

关于实验

在来自斯坦福商学院的组织行为学副教授尼尔·哈里威（Nir Halevy）的领导下，研究人员调查了在 1997 年至 2007 年，薪酬差距对美国国家篮球协会（Americal National Basketball Association, NBA）团队成员的表现所产生的影响。之前对工资差距的研究已经表明，巨大的经济差距（或者工作差距——比如，一些团队成员比其他人的上场时间更长）会产生出一种等级制度观念，这会伤害团队成员的奉献精神、团队协作精神和表现力。然而，哈里威等人的研究发现，在篮球领域，薪资差距和首发阵容的安排是团队内部协作和合作得到改善的重要预测器，也是职业篮球队表现得以提高的重要预测器。之前大量的研究都明显地说明了篮球领域方面的薪资差距会产生相反的效果，这项研究的研究者们似乎得出了一个非常有趣的结论。他们指出，当团队需要依靠密切的程序上的相互依存（procedural interdependence）以获得成功，比如，紧密的合作——如篮球运动，那么薪资差距就会对团队的表现产生积极的影响。然而，如果在团队中程序上的独立性（procedural independence）是关键，比如，个人表现起着最为重要的作用——比如棒球运动，那么薪资差距则会产生负面的影响。

为什么这很重要

你的企业是如何处理、分配薪资问题的？不管你是不是在试图保守这一秘密，在团队合作中，人们总能找出谁赚得最多、谁赚得最少。这带来的影响就是——不管是否有意，企业的等级制度的形成无疑是建立在薪资差距上的。等级制度是否会帮助或阻碍公司的业绩，取决于你的公司所从事的业务性质。

实验所带来的商业启示

你在哪种类型的团队中工作？要确定等级制度究竟会对表现产生积极的作用还是消极的作用，首先就要考虑你的工作是由程序上的相互依存所掌控还是由程序上的独立性所掌控。对于前者而言，要确保每一个人都知道自己扮演的角色、所承担的责任，以及该向谁报告，团队如何协同一致地工作。像足球这样一项程序上高度相互依存的运动，球队的经理或教练是负责人，在球场上球队的队长担当他们的代言人。明确责任和等级制度有助于确保团队表现稳定。

在程序上具有独立性的运动中，比如高尔夫，等级制度就没有那么明显。任何试图强制推行企业等级制度的行为都有可能导致团队表现退步。

同样地，如果你管理着一群高度自治的基金经理，公开的薪资差距将可能严重干扰团队的和谐，每位工作独立性很强的个人也许会因为薪资差距造成的等级制度而感到不自在。

—— 你可以对此说些什么 ——→ 101 BUSINESS IDEAS
THAT WILL CHANGE THE
WAY YOU WORK

"最重要的是团队，而不是个人。"

"对于我们而言，巨大的薪资差距并不明智——这将会损害团队的和谐。"

"要顺利地运作，我们必须要清楚地了解谁是负责人，谁负责什么事务。这并不是信息传递自我意识，而是要尽可能以最有效的方式来工作。"

101

BUSINESS IDEAS
THAT WILL CHANGE
THE WAY YOU WORK

第6章
关于企业管理的实验

实验 53
如何摆脱会海的困扰

Face time 可以有助于会议，也可妨碍会议。

关于实验

为了找出"到场"的影响，欧洲工商管理学院和美国西北大学凯洛格商学院通过两项元分析法（比如，面对面沟通的两种方式——一种是面对面的会议，一种是视频会议）从决策和协商谈判两个方面，来分析"到场"对会议的效果所产生的影响。他们得出了一个出人预料且有违传统观念的结论，那就是面对面的会议并非在所有情况下都是最好的。

为什么这很重要

通过创造一个简单却有说服力的模型，研究小组发现了以下四个惊人的结果。

1. 如果与会双方之前就彼此认识，丰富的沟通渠道会在决策和协商谈判两个方面对会议的质量及结果产生积极的影响。比如，面对面会议或视频会议在这种情况下，能够获取非语言的线索或语调有助于与会双方的相互了解。因此，我们可以推断——丰富的沟通渠道可以在双方之间更迅速地建立起信任和密切关系，也将促成更好的会议结果。

2. 如果双方在以往的合作中，就已经建立了非常好的关系，那么更丰富的沟通渠道，如电子邮件或短信，对沟通产生的积极影响就没有那么明显了。在合作关系已经存在时，沟通模式对会议效果的影响似乎就没有那么重要了。

3.令人惊奇的是，若双方彼此熟识，但是在之前的会议中存在争论或分歧而使彼此关系非常紧张时，更丰富的沟通渠道实际上会对会议的质量产生消极的影响。似乎，面对面会议或网络电话的高度感官特性会使过去合作不愉快的关系进一步恶化。在这种情况下，通过适当的沟通渠道，比如电子邮件或者中立的第三方，可能是最好的。

4.考虑到文化的差异性，研究人员发现东方文化（偏好"相互依赖"）与西方文化（偏好"独立自主"）相比更具有团队合作精神，更丰富的沟通渠道对它产生的影响更小。这是因为东方文化对互相依赖的偏爱自然地形成了一个更具合作性的工作氛围，因此会在很大程度上中和丰富的沟通渠道带来的影响。

实验所带来的商业启示

几乎大部分公司和行业都会抱怨——每天，都要将大量的人力和时间花费在不会带来任何附加值的会议上，并且，前去参加会议的时间往往比真正开会的时间更长。与过去相比，今天我们可以通过各种方式来组织会议，我们的问题是"什么时候我真的需要露面"。欧洲工商管理学院和美国西北大学凯洛格商学院的研究实验为我们提供了简单却有说服力的答案：如果你不认识参会人员，那么尽量亲自出席或通过视频会议参加；如果你们互相了解，并保持着良好的关系，那么电子邮件、电话会议、短信可能和亲自露面一样有效；如果你认识参会人员，但是和他们的关系并不是很好，那么你就要小心了，亲自露面可能反而把事情弄得更糟。

在欧洲工商管理学院所做的另外一项研究中，专业学者发现模仿对方的行为，比如手势、姿态或特殊习惯，可能会使你们的谈判结果更好。模仿是"建立信赖，从而在谈判中进行信息共享"的有力工具。如果你真的决定要亲自出席一个会议，不妨考虑一下模仿对方的身体语言。

—— 你可以对此说些什么 ——> 101 BUSINESS IDEAS
THAT WILL CHANGE THE
WAY YOU WORK

"对于这个问题，我们只需要进行一次电话会议，并不需要全体会议。"

"我们从来没有见过那些人，我们应该尽量出席这次会议。"

"上次会议我们谈得并不理想，我不想把事情变得更加糟糕。让我们
先试着通过电子邮件抚平我们之间的裂痕，然后再重新考虑进一步的合作
方向。"

实验 54
关怀员工的价值所在

在你将坏消息告知你的员工的同
时，你要如何减轻这个消息给他带来
的打击？

关于实验

你要向团队中的成员透露一个艰难的决定：尽管他们在过去的六个月里竭
尽全力，努力工作非常渴望得到晋升，他们还是没有获得成功。用社会学的语
言来说，你将要对那些个体"违背心理契约"，但是坏消息就是坏消息——你真
的没有办法做一些事情去弥补他们将要面对的这种失望感，不是吗？

错！根据英国伦敦政治经济学院的学者以及美国伊利诺伊大学学者的研究
证明，这种观点是错误的。他们对 3 个公司的 150 多名员工做了一项纵向研究，
研究发现，与那些从他们的雇主身上感受到很弱的"组织支持感"的员工相比，

那些从他们的雇主身上感受到强烈的"组织支持感"（perceived organizational support，POS），相信自己的公司支持、关心和重视他们，与他们的生产线管理人员保持良好关系的员工，在期盼没有得到满足时，如没有获得加薪，不太可能把这件事看做是"违背心理契约"，即使他们将某个特定的时间看做是一种违背，也不太可能因为自己的失望感，而感觉自己被侵害、被背弃了。

为什么这很重要

失望和愤怒是工作环境中非常常见的两种情绪，尤其在经济紧张时尤为明显。公司将过多的时间和金钱花费在试图创建"共有的企业文化"和"积极的工作文化"上，这些做法不是没有可取之处。但是他们忽略了一个事实，那就是一些口无遮拦、心怀不满的员工可能会完全地破坏他们的这些努力。换句话说，如果你希望营造一个积极的工作环境，你需要将消极性降到最低点。

杜拉克（Dulac）等人进行的一项实验显示，要抑制员工因失望而产生消极情绪的，一个方法就是向员工显示你关心他们，重视他们——尽管严格来说，这要在你宣布坏消息之前的某个时刻实行。在这项研究中，雇主从两个层面上展示了他们对自己员工的支持：一个是从组织的层面；另一个是从个人的层面。从前者来说，支持体现在以下事情上，如对弹性工作时间或儿童照管采取明智的态度。从后者来说，支持则体现在管理人员真正地去聆听、参与以及帮忙解决员工的问题。

实验所带来的商业启示

听到"你应该重视你的员工"这条建议时，人们肯定不会感到惊奇。但这里真正的问题是，如果每个人都知道重视员工是一件正确的事情，那么为什么只有极少数的公司有效地践行了这一点呢？一种可能是，尽管从原则上来说，富有关怀性的企业文化听起来是"正确的事情"，但是在实践中，花费可观的时间、金钱和努力去做这件事情，并没有为公司带来明显的好处。

伦敦政治经济学院和伊利诺伊大学的研究者们提供的证据，向人们展示了关心员工可以为公司带来明显的好处：当你不得不令他们失望时，他们不会那么恨你，从而将心怀不满的员工可能带来的破坏性影响降到了最低。

— 你可以对此说些什么 — → 101 BUSINESS IDEAS
THAT WILL CHANGE THE
WAY YOU WORK

"虽然我们现在正在经历艰难时期，但这并不意味着我们要削减公司的所有福利。从长期来看，由心怀不满的员工造成的公司名誉损害造成的影响，远远超出任何短期的经济福利。"

"是什么组织了我们，真正地去营造一个富有关怀性的、同甘共苦的公司文化？"

"提拔一个人不是我们关心他的唯一途径。"

实验 55
如何将决策进行量化

数据预测或机械预测要胜过临床预测或直觉预测。

选拔人才的过程

关于实验

1954 年，美国心理学家保罗·米尔（Paul Meehl）出版了一本具有开拓性的书籍，这本书改变了人们对准确性的理解以及对预测和评估本质的理解。米尔对 20 项比较临床预测（建立在对一个话题的主观评估上，通常包含了各种各样的输入——比如，评判一场写作比赛，从很大程度上来说，是主观评估）和数据预测（对一小部分标准进行评分而形成的结果——比如，多项选择题的考试就是一种客观评估）的研究结果进行了分析。在这些研究中，不仅包括对高中生成绩的研究，还包括对违反假释条例的研究，甚至包括对飞行员训练的研究。对这些研究结论进行分析之后，米尔发现了这些研究所得出的惊人共识，那就是在预测个体的未来表现方面，数据预测的准确性要远远高于临床预测。

为什么这很重要

米尔的研究对行为经济学家丹尼尔·卡尼曼产生了很大的影响。卡尼曼描述回顾在以色列国防军进行的第一批任务时，他建立了一个新的军队面试系统，取代了过去的评估系统。在过去的评估系统中，候选人的面试时间在 20 分钟左右。与此同时，面试官会鼓励应聘者就各种各样的话题发表意见，最后形成对应聘者的整体印象。而在卡尼曼的面试系统中，他设置了面试评估评分过程，涵盖六个主题（如社交能力、男性气概等因素），然后面试官在 1—5 分的范围内给应聘者打分。在面试中引进数据预测后，接下来的几个月内，对士兵表现的评估更加准确了。正如卡尼曼预测的那样，"与之前在全球范围内采用的面试评估系统相比，我们提出的以六个等级预测士兵表现的系统要准确得多。"同时，卡尔曼也指出，这个面试系统还不够完善，因为众所周知，预测是一件非常棘手的任务，但是量化以及数据的使用将评估过程从完全没有用提升到了中度有用以上。

实验所带来的商业启示

维多利亚时代伟大的数学物理学家凯尔文男爵（Lord Kelvin）曾说过一句非常有名的话："如果你无法对它进行测量，你就无法对它进行改善。"然而，我们仍旧使用直觉或高度主观的评估做出商业决策。虽然试图去测  量每件事物是一件非常危险的事情，这不仅浪费时间，甚至有时候测量比不测量更加糟糕，但是如果没有实质性的量化，几乎就不可能取得任何进展，更糟糕的是，几乎无法做出不失偏颇的决策。

将决策进行量化可以帮助我们面对自己可能做出糟糕决策的倾向，尤其是在对我们没有那么重要的事情上。下一次，当你必须得做出一个艰难的战略性评估的时候，在做决定之前，建立一个评分标准系统，然后根据你的得分做出相应的决定。

不要认为要将每一件事进行量化是不可能完成的事情——即使是"幸福"这样虚无缥缈的事情，也正在被几个国家测量、追踪着。使用量化评分指标（比如，在 1—5 分的范围内评分）确实可以帮助你得出确切数据，从而做出判断。

你可以对此说些什么 ⟶ 101 BUSINESS IDEAS
THAT WILL CHANGE THE
WAY YOU WORK

"孤立地看，数据预测要比临床预测准确得多，但是诀窍在于将两者结合起来使用。"

"我们如何使用数据来优化我们的决策。"

"仔细地选择你的评估标准——它们将会对你如何量化事物产生巨大的影响。"

实验 56

如何看待员工业绩的大起大落

极端表现很少会持久。

关于实验

为什么有些足球运动员在一个赛季中表现得特别出色，而在下一赛季却表现平平呢？同样地，为什么基金经理在一年内的平均回报率非常不错，但在下一年业绩却尤其糟糕呢？问题的答案至少在很多时候，可以从被称为均值回归（regression to the average, RTTM）的数据特性中找到。

为什么这很重要

19 世纪 80 年代，弗朗西斯·高尔顿爵士在一篇关于这一主题的研究中提出了这一理念（碰巧的是，这篇论文对"均值回归"为什么发生做出了错误的推论，但是他的观察仍旧是有效的）。高尔顿想要知道，为什么一种极端的物理特征——比如身高很高，并不一定是由父母遗传给孩子的。问题的答案在于这样的一个事实：如果你进行极端的观察，比如，非常高的父母；在一个赛季中，足球前锋踢进了异常多的球；非常糟糕的考试分数，然后当你再次进行相同的观察时，在大多数情况下，你会发现这种极端的现象已经消失了。这是因为第一次的这种极端观察非常少见，所以它再次发生的可能性非常小。用通俗的话来说，闪电不会两次都打在同一个地方。

实验所带来的商业启示

理解"平均绩效"（average performance）的局限性，认识到"均值回归"可能存在的陷阱，可能会对我们如何工作产生深远的影响。举一个非常明显的例子，任何一位有经验的项目经理都知道要提高业绩，首先你需要衡量一下基线绩效，然后设定目标超越基线绩效。如果在你的基线绩效当中没有考虑到"均值回归"，又会发生什么呢？比如，你常听到这样的成功故事——"在最糟糕的时候，我们的利用率为24%。但是自从我们开始了这个项目，我们的利用率就上升到了86%"，因为这个故事提到了两个极端，所以很难分辨真正提高了多少。24%的利用率是极端的糟糕表现——均值回归告诉我们即使我们什么也没有做，下次测量利用率的时候它自然会上升。同样地，87%也许是极端的高数据点，如果再次测量，我们也许会看到数据的下降。

记住提高绩效仍然是可能的，均值回归并不意味着绩效就不能提高了，认识到这一点非常重要。如果你在某件事情处于非常高或者低的状态下进行测量，测量的数据则无法代表真正的绩效，因为很难对它进行精确的测量，很难排除运气等因素的影响。一个更好的办法就是使用移动平均法对事物进行更为长期的观察。

你可以对此说些什么 ——→

101 BUSINESS IDEAS
THAT WILL CHANGE THE
WAY YOU WORK

"他在这个项目上表现得非常糟糕。我们已经和他谈过话了，在后面一个项目上他表现得非常出色。是我们提高了他的表现，还是仅仅只是均值回归的缘故？"

"这个对冲基金今年获得了非常好的回报率。这是技巧还是运气？"

"当我们监控目标的进展时，我们需要小心地将均值回归考虑在内，但是这并不意味着我们应该对绩效提升轻描淡写——均值回归是对数据的一种观察，而不是产生绩效的原因。"

实验 57
外来的和尚真的好念经吗

一家企业的明星级员工却在另一家企业会迅速地衰落。

关于实验

来自哈佛商学院的鲍里斯·葛罗伊斯堡（Boris Groysberg）想要知道这个问题的答案——"高绩效的个人是否能够成功地将他们的表现从一家企业转移到另一家企业中"。在1988年至1996年期间，葛罗伊斯堡的研究关注了20 000多名华尔街股票分析师的表现——每年交易杂志《机构投资者》（*Institutional Investor*）都会对这些人进行排名。该研究梳理出了一些非常惊人的结论：第一，那些换公司的明星分析师与那些呆在原公司具有相同能力的分析师相比，付出了高昂的代价（在表现方面而不是在报酬方面）；第二，与男性相比，女性在更换老板时，她们的表现更不易退化。葛罗伊斯堡认为更有趣的问题应该是，在哪些情况下，什么样的明星员工是可移植的？为什么？

为什么这很重要

在于2006年发表在《哈佛商业评论》上的一篇论文中，葛罗伊斯堡指出，公司在制订招聘计划时，应该更具有战略性。受到"赢者诅咒"（winner's curse）的诱惑实在太容易了——假设一家公司高绩效者一定能够成为另一家公司的高绩效者。事实上，数据指出很少会出现这样的情况。如果你正指望着从别的公司挖高绩效者，从那些与你们公司定位相似的公司中以及业绩更低或相同的公司聘用或许更加明智。

实验所带来的商业启示

从引进一名新的首席执行官到建立一个新的团队，招聘员工一直都是昂贵的、棘手的事情。葛罗伊斯堡的可移植理论指出，一些技能比另外一些技能更加容易转移。例如，那些集中于某个特定公司或某个特定行业的技能，只有在相关的个人转移到一个相似的公司文化中或在与之前相同的行业工作时，才会有用。削减支出和促进增长这样的战略措施在各个公司可能更加通用，但是只有在新的工作环境需要测试这些能力时，才会有用。

最容易转移的技能是那些聚焦于领导和决策的技能，但是，即便如此，这些才能的可移植性在某种程度上也取决于特定的行业或公司文化。

如果你正在指望从外面引进一位明星员工，仔细地考虑一下他们是否能够很好地适应并融入你的公司文化，以及面对组织上的挑战。

如果你认为自己是一位抱负极高的人，热衷于迈出一大步，考虑一下起初是什么让你成为一个有极高抱负的人，这是否和未来的新角色有关联。

—— 你可以对此说些什么 ——→ 101 BUSINESS IDEAS
THAT WILL CHANGE THE
WAY YOU WORK

"在之前的公司，他也许取得了很大的成功，但是才能的可移植性理论指出，我们不应该期盼他的才能能够在这里完全复制。"

"我现在取得的成功，对我的工作环境起了多大作用？"

"我认为我们应该指望着从内部提拔人员。从外部雇用人员非常昂贵，而且没有明显证据显示这一直都会成功。"

实验 58
外部任命还是内部提拔

那些雇用以前担任过首席执行官的个人担任执行总裁的公司往往财务业绩表现不佳。

关于实验

从短期来看，与任命公司内部没有相关经验的个人担任首席执行官相比，任命外部的、之前担任过首席执行总裁的个人担任公司的首席执行官所获得的市场反应往往更好一些。然而，莫妮卡·哈默利和布拉克·科云珠所做的调查指出，从长期来看，这种好处很快就会消失。在对标准普尔500（S&P500）公司任命新执行总裁后的三年内，公司的资本回报率进行了追踪之后，研究人员发现任命有过首席执行官经验的个人担任执行总裁的公司，资本回报率年平均中值为3.9%，而任命没有相关经验的个人担任首席执行官的公司年资本投资回报率年平均中值为5.4%，而且这个结果是在调整了行业的整体表现后得出的。

141

为什么这很重要

在考虑下一任首席执行总裁任命时，关于局内人—局外人的争论是公司内部一个恒久不变的争论话题。虽然内部任命相关人员，他们可能对公司很了解，对公司有感情，但是他们不可能拥有从事顶层管理的经验。相反，外部任命一直被认为有助于为公司带来新的思考方式。哈默利和科云珠提出，他们的研究体现了之前担任首席执行官的经验可能导致知识走廊和决策模板的形成，使相关的个人在与过去截然不同的背景下，很难理解不同的信息或采取不同的行动，从而会造成业绩不佳。换句话说，挑选一位经验丰富的首席执行官担任公司的总裁可能会对公司的业绩会产生负面影响。

实验所带来的商业启示

拥有高层管理经验的新首席执行官需要特别努力才能忘记之前公司的许多特点和习惯。在一家公司能发挥作用的东西未必在另一家公司也同样奏效。哈默利和科云珠的研究发现，如果这位首席执行官来自于一家规模相差不大的公司，之前担任首席执行官所获得的经验所带来的消极影响会进一步加剧（导致资本回报率中值为 2.9%）。如果仅凭一个人在"相似但不同"的公司担任过首席执行官，就任命他担任公司的总裁可能是最糟糕的事情了。

继任方案可能是最好的方式，该方案应该尽早开始。公司应该留心在他们的职业初级阶段就确定拥有巨大潜力的个人，然后相应地培养他们。内部任命不仅可能带来最好的结果，而且与外部任命相比，内部任命的招聘过程花费的成本也更低。

如果你想要任命一位拥有首席执行官经验的人担任首席执行官，那么考虑让他或她到公司担任首席运营官或副总裁，任期至少为六个月。这种方式不仅能让相关的个人了解公司的氛围和文化，而且可以利用这段时间充分进行扩展性的评估，确定他或她是否真的是首席执行官的正确人选。

───── 你可以对此说些什么 ─────→ 101 BUSINESS IDEAS THAT WILL CHANGE THE WAY YOU WORK

"正确的任命人选可能就在我们眼皮底下。"

"外部任命不一定总是最好的。"

"让我们不要以长期的稳定和成功为代价，去追求短期的利益，"

实验 59
平衡CEO和董事会之间的权力至关重要

表现最好的公司总是能有效地平衡首席执行官和董事会之间的权力。

关于实验

到处都充斥着具有改革精神、英勇的商业领袖战胜逆境，以及怀疑论者带领公司铸就伟大事业的浪漫想法。比如，通用电气的杰克·韦尔奇，苹果公司的史蒂夫·乔布斯以及微软公司的比尔·盖茨，但是拥有一位占绝对统治地位的首席执行官对于公司而言，真的是一件非常好的事情吗？

来自两所加拿大大学的研究人员对 1997 年至 2003 年期间，美国 51 家大型、进行公开交易的计算机公司的业绩进行了分析，想要测试相对较弱的或强大的首席执行官和董事会对公司的业绩产生的影响。他们用三个指标定义了公司业绩：资产收益率、投资收益率以及销售收益率。首席执行官的权力通过五个指标来衡量：相对于其他高层管理团队成员（top management team, TMT）首席执行官的地位；报酬；首席执行官拥有的头衔数量；首席执行官及其家人所持有的公司股份比例；首席执行官是不是公司的创始人或与公司的创始人是否有关系。董事会的权力根据以下三个变量来衡量：首席执行官是否也是董事会的主席；外部董事（不属于公司内部的董事）所占的比例以及外部董事持有的公司股份比例。通过使用这些标准，研究人员得到了一些令人吃惊的结果。

与同行业的其他公司相比，强大的首席执行官比相对较弱的首席执行官更可能将公司带领至战略偏移的地步。换句话说，与其他竞争公司相比，公司的市场营销战略或投资战略会非常不顺利。重要的是，这些偏移很可能导致业绩极端（performance extreme）——要么是巨大的成功，要么是沉痛的失败。

强大的董事会可以调和强势的首席执行官可能带来的危害——总裁的权力可以得到约束，减轻战略偏移的影响。然而，对于相对较弱的董事会而言就不是那么回事了，他们往往不能有效地制约强势的首席执行官的行为，无法约束总裁所造成的战略偏移。

有趣的是，似乎表现最好的公司中，首席执行官和董事会的权力都很弱。在这种情况下，很可能公司其他的管理层对做出良好的决策起到了很大的作用。

为什么这很重要

平衡权力。在后安然时代，公司治理比以往任何时候都更为重要。理解董事会的权力和首席执行官的权力之间的相互作用，可以为公司应该如何组织和治理这个问题提供重要的见解。唐等人所做的这项研究强调了强大的董事会的重要性——毫不畏惧地向首席执行官提出挑战，对总裁的权力进行制约。虽然强势的首席执行官也许能为公司规划出一条荣耀之路，但是如果他们的权力不受到制约，也可能会是一条毁灭之路。

实验所带来的商业启示

董事会应该经常性地进行自我评估，考量自身的有效性。软弱的董事会的主要特征包括：在没有讨论或辩论的前提下，未经审核就批准了首席执行官的提案；董事会成员对相关领域的了解很少；或者首席执行官同时也是董事会的主席。调和首席执行官的权力不只是控制自我意识的问题，更是关于怎样做才是对公司以及公司的股东们最好的问题。

—— 你可以对此说些什么 ⟶　101 BUSINESS IDEAS
THAT WILL CHANGE THE
WAY YOU WORK

"我们是不是把太多的权力都集中在首席执行官这个职务上了？我们怎么做才能有效地调和这个职务所产生的影响？"

"拥有支配型人格的首席执行官可能对提升品牌声誉有很大的好处，但这并不意味着他们对公司的长期战略也有好处。"

"我们很少听到这家公司的首席执行官或董事会发生矛盾，而且他们的公司业绩一直以来都非常好。他们的管理层可能会以协商一致或有效的方式做决策。"

实验 60
企业并购中的信任不对称

在收购中太过信任他人可能导致
卖方蒙受损失。

关于实验

这几乎是一句福音般的格言，在商业中信任是成功的关键。从使团队更加和谐到改善客户—顾客的关系，一位位专家不断地告诉我们，要取得成功，你需要得到其他人的信任。许多研究也都指出了信任对商业活动所产生的影响，尤其是，信任对于公司收购中缓和可能产生的担忧情绪方面所起到的作用不容忽视，但是如果在一种关系中根本不存在信任，那又会怎么样呢？这正是梅丽莎·格雷布纳（Melissa Graebner）想要回答的问题。她分析了 8 件收购案，在这些收购案中，员工人数为 150 人至 50 000 人的六家上市公司和两家私人持股的公司想要收购员工人数为 20 人至 335 人的公司。在这些交易中，平均的总价值高达 1.75 亿美元，所有的交易都是完全的股权并购，尽管只有一半的公司成功地完成了交易。格雷布纳对这些交易的参与者进行了 80 多次访问，通过这些访问，她揭示了在并购交易中信任不对称的力量，以及在卖方和买方之间究竟存在着多大不平衡的信任级别的问题。格雷布纳的研究显示了买方更不容易相信卖方，以及买方欺骗卖方的可能性更大。

比如，买方在谈到收购后的计划时，表示只会解雇极少部分的员工或者员工不需要调离职位，而到后来却完全违背了这些承诺。相比之下，卖方"实质上"欺骗买方的可能性要小得多——他们可能会做的最糟糕的事就是加入"与谈判相关的欺骗"，换句话说，就是指一家公司在没有公开收到其他竞争性报价的时候向买方声称自己收到了。总的来说,卖家对买家的信任程度要高得多。有时候,这对于规模较小的一方会产生非常负面的结果。

为什么这很重要

与过去相比,并购变得不再那么常见了,对于管理者而言,并购给他们带来了更大的压力。在这种经济状况下,格雷布纳的研究指出,在面临被并购的时候,卖方会出人预料地可靠——但这是完全错误的。对于他们这种相信他人的本质,研究人员给出了一部分的解释,那就是卖方——通常是相对较小的机构,花费在理财顾问或法律意见上的资源更少。但是即使引入了外部的法律顾问,卖方还是倾向于对这些注意事项视而不见,把他们的潜在买方往最好的方面想。另一方面,买方——通常在并购游戏中更有经验,已经身经百战,合理化自己的欺骗行为对于他们而言完全没有什么问题。格雷布纳指出,买方担心受到欺骗的恐惧感导致了他们合理化自己的欺骗行为。

实验所带来的商业启示

可悲但最简单的建议就是不要那么轻信他人。卖方一定要确保买方给出的承诺并购后都会以合同的方式执行——只是口头承诺还不够好。信任是非常美好的东西,但是它可能常常被放错地方。

—— 你可以对此说些什么 ——→ 101 BUSINESS IDEAS THAT WILL CHANGE THE WAY YOU WORK

"在我的工作关系中,有什么是信任不对称的地方?"

"我们太过天真,太容易轻信他人了。"

"我需要看到它以书面形式写下来。"

实验 61
如何防止公司商业机密被泄露

保守公司的商业机密至关重要。

关于实验

在 2002 年，美国产业安全协会
（American Society for Industrial Security）对 130 多家公司进行了调查，该报告称，在过去的一年内，超过 40% 的公司遭受了真正的或假设的"商业机密"损失。从经济角度来说，估计被调查的公司包括财富 1 000 强公司和中小企业，由于商业机密泄露或知识产权被窃取而遭受了 500 亿美元的巨大损失。

来自于西蒙弗雷泽大学比迪商学院的大卫·汉纳（David Hannah）试图通过对美国一家小型科技公司(拥有 125 名员工)以及一家大型的全球科技公司(拥有超过 70 000 名员工) 的运营模式进行深入分析，找出公司如何防止这些因商业机密泄露而蒙受损失。首先,汉纳必须定义我们所说的"商业机密"是指什么，它只是知识产权的一部分。在美国，要认定为商业机密，必须符合以下三个法律要求：1. 它必须包含信息——比如，一个配方（如肯德基的食谱）或包含一个过程；2. 它必须对拥有它的公司来说很有价值，在某种程度上，拥有它的公司必须因为自己的独占权获得价值；3. 必须有明显证据显示，声称拥有它的公司为了保护这一商业机密做出过很大的努力。

为什么这很重要

通过明确地定义了"商业机密"这一术语的含义，分析了在他的企业案例研究中什么能起作用，什么不能起作用，汉纳成功地排除了一个大众误区：商业机密并不是（在很大一部分的案例中）通过竞争对手邦德式的间谍工作窃取的，而往往是由一位无知的员工不知不觉泄露的，或者是由一些对公司存有怨恨的前员工泄露的。所以，压力落到了管理人员身上，他们必须要确保这些员工以及这些商业机密得到妥善的管理。

实验所带来的商业启示

汉纳提出了以下四条也许能帮助企业保护他们所珍视的商业机密的建议。

1. 不要在入职培训的时候，告知员工公司的商业机密政策。在公司中，关于商业机密泄露的政策总是和一系列的保密协议、健康和安全政策、信息技术安全政策等员工进入公司必须签署的条款捆绑在一起。因此，员工承受着信息过载之苦，他们只能努力地去记住自己签署了什么，更不要提自己被告知了什么。公司应该考虑一下在什么时候让员工签署什么文件，并且确保员工们可以经常记起自己所承担的责任。

2. 将处理程序和进入限制两者区分开来。研究已经显示，如果员工觉得自己不受信任，那么他们泄露机密的可能性就更大——不管是有意的还是无意的。从实践的角度上来说，员工往往可以通过自己是否遭受进入限制（比如，他们被禁止访问某些文件）或者公司的处理程序（比如，他们被告知他们可以访问的信息非常重要，不能与他人进行分享）来推断自己是否受信任。对于访问权限而言，员工们会认为自己不受信任。对于处理程序而言，他们认为自己受到了信任。在尽可能的情况下，对处理程序方面实施进入限制。如果你需要实施进入限制，那么你必须确保员工们知道为什么会存在访问限制，对他们可以获取的信息进行强调——这有助于让他们觉得自己获得了更大的信任。

3. 澄清谁拥有什么。许多员工认为，在工作中，他们对于正在进行的工作拥有所有权，因此，不管他们想到了一个新的创意或一种新的商业模式，只有当他们签署了转让协议时，这些想法才属于他们的老板，不属于他们自己。

4. 小心谨慎地管理离职。即使在离开公司之后，前任员工仍旧在保护商业机密方面，对他们的前任老板负有法律责任。在离职谈话中，应该温和地提醒员工注意这一点。当双方不再友好时，机构要确保向前任员工发出一份正式的提醒，告知他们签署过的商业保密协议仍然有效。

你可以对此说些什么 ⟶ 101 BUSINESS IDEAS
THAT WILL CHANGE THE
WAY YOU WORK

"我们之所以授予你访问这些特权信息的原因在于，我们相信你不会和其他人分享这些机密信息。"

"每一个季度，我们都应该提醒员工公司的商业机密政策。"

"对于他的离职，我有点担心。我们必须确保公司的法务部门提醒他对我们负有的责任，以及违背这些责任会有什么后果。"

实验 62
在家办公的可行性到底有多大

来自中国的一项随机化实验指出在家工作真的能发挥作用。

关于实验

纳斯达克上市公司携程旅行网（Ctrip）的合伙创始人和现任董事长梁建章（James Liang），想要知道对公司的 13 000 名员工实行可选择的在家工作是不是一项明智的政策。他在母校斯坦福大学几位自愿参加的研究人员的帮助下，开始了一项以此为目的的随机化实验。在进行实验的 9 个月中，250 多名员工被分为了测试组和控制组。测试组的员工每周有四天在家工作，而控制组的员工则每天都在公司工作。两个小组都是用了相同的信息技术设备，处理相同的工作，工作的复杂程度一样，工作所得的报酬也相同。经过实验之后，研究人员得出了以下四个惊人的结论。

1. 在同一时期，在家工作的员工业绩提高了 13%，主要因为员工生病请假的时间更少，他们换班时间更短，整体上休息的时间减少，生产力得到提高。

2. 在家工作的员工业绩提高对那些在办公室上班的员工离职业绩不会产生负面影响。

3. 与在办公室工作的员工相比，在家工作的员工的离职率降低了 50%，同时他们对工作满意程度也更高。

4. 携程旅行网预测在这段时间内，每位在家工作的员工至少为公司节省了 2 000 美元，主要源于内部管理费的降低。

简而言之，携程旅行网的实验发现，在家工作促进了生产力的提高，继续留任率的升高，工作满意度的提升以及运营成本的降低。这已经是不错的回报了。

为什么这很重要

在美国，大部分时间在家工作的人在过去的 30 年内已经翻了一倍，占所有工作人口的 4.3%，而每个星期至少有一天在家工作的工人已经达到了工作人口的 10%。员工面对着各种各样的压力，如期待在工作与生活之间实现更大程度的平衡，照顾孩子和公司运营成本，这一切都表明我们非常需要一份关于在家工作的优势和劣势的评估，这份评估必须有更多的证据予以支持。虽然我们要时刻注意，不能用一个地区得到的结果去推断另一个地区。但斯坦福大学在中国所做的这项研究获得的发现，为我们提供了强有力的证据，说明了对于许多公司而言，都应该把在家工作作为一种切实可行的选择。

实验所带来的商业启示

考虑在家工作。也许对于所有公司所有行业而言，这并不是一个明智的选择，但是采取在家工作的行业范围在不断扩大，已经囊括了高新技术工作，比如软件工程和咨询服务业。另外，在家工作所需要的技术支持现在也已经具备，与过去任何时候相比，为员工提供在家工作这一选择变得更加容易了。

给员工选择的机会。这项实验的另一个有趣发现是，在经过 9 个月的实验后，重新给予人们选择的机会，在家工作小组中有超过一半的人决定重新回到办公室工作。回到办公室以后，测试组的员工的业绩表现继续提高。似乎，仅仅为员工提供选择这一做法，就使他们的业绩产生了飞跃。

实行随机化实验。在携程旅行网整个公司内实行可供选择的在家工作政策之前，梁建章找到了一种创造性的方法来回答这个具有普遍性的问题——"我怎么知道这种政策是否能起作用呢"。他找到了一些自愿参加的专业学者来进行一项严格的、基于证据的实验来为他的问题提供答案，而不是邀请一大批管理顾问，或因为要进行大量的细节分析和员工模拟而放慢做出决策的速度。在商业领域，这样合理的政策制定是很少见的。

┌── 你可以对此说些什么 ──→ 101 BUSINESS IDEAS
│   THAT WILL CHANGE THE
│   WAY YOU WORK
│
│   "只要你高质量地完成你的工作，你在哪里工作这个问题没有多大的实际
│   意义。"
│
│   "也许我们对在家工作可能带来的问题言过其实了。"
│
│   "我们应该怎么做？让我们做一个实验找出答案吧。"
└──

实验 63
精英制度所存在的潜在偏见

公开表示自己拥有强大的经营价
值观的公司可能会导致对女性的偏见。

关于实验

英国社会学家迈克尔·杨（Michael
Young）讽刺性地创造了精英主义

（meritocracy）后的 50 多年里，社会发生了很大的变化。这些社会变化使平等
和多样性这样的价值观深深地根植于大部分的公司环境中——至少在口头上是
这样。然而，尽管有很多法律改革和金融改革已经取缔了工作中的歧视性做法，
比如性别歧视，但是在大部分商业部门，男性和女性的工资收入还是存在着很
大的差距。长久以来，人们对出现这些问题的原因做出过很多假设，但是至今
还没有得出强有力的结论。来自于美国麻省理工学院和印第安纳大学的两位专
业学者通过一项研究得出了令人吃惊的结果：事实上，那些以精英主义为傲的

公司与没有做出这种声明的公司相比，对女性的偏见更加严重。

这项研究发现了一个令人困惑的精英主义的矛盾之处（paradox of meritocracy），在三项实验中，参与者都拥有 MBA 学位和管理经验。实验的参与者被告知他们正在为一家名为"Service One"的北美大型服务公司工作，并给了他们三个员工的业绩评估报告。事实上，这家公司是虚构的。报告显示，在过去的一年内，其中一位员工的工作业绩非常糟糕，而另外两名员工的业绩评估报告基本上是相似的。这两份评估报告中，一位员工是男性，而其他两位是女性。参与者们被告知，他们有 1 000 美元的奖金要分给这三名员工。参与者被分为了两个小组：一个小组的参与者被告知了"Service One"公司的主要价值观，另外还对公司高度重视精英主义和公平原则做了专门的简报；另一个小组的参与者也被告知了公司的主要价值观，但对精英主义理念没有做任何强调。

在那个被强调过精英主义重要性的小组，他们对表现差不多的员工所给出的奖金令人非常吃惊：与女性员工相比，男性员工获得的奖金要多出 46 美元。而另一组参与者给出的结果则是，女性员工获得的奖金和男性员工所获得的奖金在金额上差别不大，女性员工只少了 2 美元。

为什么这很重要

上述这个实验的研究者卡斯蒂利亚（Castilla）和伯纳德（Bernard）对于这种违背常理的行为背后所蕴含的原因提出了两个假设：首先，他们描述了道德认证（moral credentials）所产生的作用（这是莫宁和米勒之前探索过的），它是指当人们感觉自己已经被认证为没有偏见后，更容易表现出带有偏见的态度；第二，根据乌尔曼（Uhlmann）和科恩（Cohen）的研究，当人们认为自己是公正的（比如，在做出奖金分配决定或人事决定方面），他们更可能相信自己的理由是正当的，即使他们带有偏见或歧视，因此，偏见更可能对他们产生作用。换句话说，那些自己声称重视精英主义和公正原则的公司也许创造了条件，让员工产生错误的思维，认为他们做出的任何判断都是坚持精英主义的，是公正的。

实验所带来的商业启示

一定要注意口头说说这一行为背后存在的陷阱。今天对于那些声称自己是一家提供公平机会或反对任何形式的歧视的公司而言，这些都是企业最基本的，但是要真正遵循这些原则，就不能只停留在口头上说说这个层面。事实上，口头说说本身可能成为一张放纵歧视和偏见行为的危险面具。

提高透明度。在公司内部，公开地创建和出台人事决定的标准，比如雇佣标准、晋升标准以及奖金分配标准。

将精力集中在公正的表现评估。一定要注意将人类偏见的几率最小化。实验就是一个最好的例子——给予个人分配奖金数额的机会也许会导致潜在的偏见。如果表现评估(根据标准进行量化)和奖金数额之间存在着清晰、量化的关系，这类偏见就可能被消除。

你可以对此说些什么 ⟶ 101 BUSINESS IDEAS THAT WILL CHANGE THE WAY YOU WORK

"当我们说自己是一家奉行精英主义的公司时，我们所要表达的意思是什么？"

"小心提防无意识的结果——我们自我标榜是公正的，并不意味着我们真的是公正的。"

"在对员工进行评估时，让我们尽量避免偏见。"

实验 64
强势的企业文化所带来的利与弊

在稳定时期，强势的企业文化可能有助于实现可靠的财政和运营业绩，但是在动荡不安的状况下，它也可能会阻碍公司的发展。

关于实验

在公司内，拥有一种强势的企业文化（通常被定义为"在整个公司内部广泛地分享和强烈地坚持一系列规范和价值"）会产生什么影响？为了找出这种影响，杰斯伯·索伦森（Jesper Sorensen）分析了 18 家在市场进行公开交易的大型公司的业绩，他对一系列的指标进行了分析，包括投资回报率、运营资金流动和负债资产比例。然后索伦森将这些绩效指标和公司的文化结合在一起。在某种程度上，企业文化是由公司高层管理人员对一项调查中关于企业文化的三个指标所决定的，他们被问及是否：

1. 公司的经理经常提到他们公司的风格或者办事的方式；

2. 公司通过一种信条使公司的价值广为人知，并且认真地尝试让经理们遵守公司的信条；

3. 通过长期的政策和惯例对公司进行管理，而不是由现任首席执行总裁所指定的政策和管理方式管理公司。

索伦森发现在宏观经济稳定的状况下，强势的企业文化能够带来可靠的

（被定义为低变化）公司业绩。然而，在市场动荡不安的状况下，强势的企业文化事实上可能会阻碍公司的业绩。

为什么这很重要

强势的企业文化的好处通常是从非量化的角度上来确定的。相比之下，索伦森的研究明确了可以量化的业绩指标和企业文化之间的关系。从实践的角度上来说，这是一种重要的影响。索伦森的分析所得出的结果指明，有着强势文化的公司拥有更稳定的资金流，这意味着在新产品和新研究方面，他们投资不足的可能性更小。然而，也存在着另一个方面：强势的文化由于会形成一成不变的工作模式，从而可能会抑制创造性和冒风险的意愿。在稳定的运营环境下，这可能不是一个问题，一旦市场发生变化，公司缺乏灵活性和响应，就会阻碍公司的创新，使公司无法找到方法解决问题。

实验所带来的商业启示

确定公司的企业文化的强度。通过回答索伦森的调查中所提到的高级管理人员的问题开始。你的公司在与其他公司相比之下怎么样？如果你发现了一种强势的企业文化，你认为这可能会抑制公司的创造性吗？如果你觉得会，那么就要鼓励高级管理人员重新考虑公司的价值——你可以做更多的事情让公司的创新能力迸发吗？

你可以对此说些什么 ⟶ 101 BUSINESS IDEAS
THAT WILL CHANGE THE
WAY YOU WORK

"强势的企业文化不仅是一个很好的流行词——它可能真的能改善公司实际的业绩。"

"我们如何确保在不抑制创造力的同时，使我们的企业文化保持强势？"

"你对我们企业文化的强势程度如何打分？"

101

BUSINESS IDEAS
THAT WILL CHANGE
THE WAY YOU WORK

第7章
关于管理心理学的实验

实验 65
如何有效地委派任务和资源

高人一等效应和低人一等效应。

关于实验

大量的研究都支持这一观点，即人们存在着高估自身能力和技术的认知偏见，不论在评估智商分数，还是健康的生活，抑或是幸福的关系时，都是如此。如在 2002 年的一项调查中，美国斯坦福大学 MBA 学生在为自己的学术表现打分时，打出的分数往往都要高于平均分数——从数学意义上来说，这绝对是不可能的！在技能最不熟练的人群中，这种偏见表现得最为明显。达克效应（Dunning-Kruger effect，以发现这一现象的学者命名）指出，对于一项特定的技能而言，能力较低的个人尤其会高估自己的技能水平，却无法对那些技术能力高于自己的人做出有效的评估。

最近的一项实验扩展了以上的结果。从表面上看来，对于低技能的任务（通常承担的任务，如熨衣服），与高技能的任务（如玩杂耍）相比，人们更可能会低估其他人的能力；而对于高技能的任务而言，人们更可能会低估自己的能力——被称作低人一等效应（worse-than-average effect）。应该指出的是，到目前为止，大部分关于认知偏见的研究都是在北美国家进行的。因此，低人一等效应和高人一等效应（better-than-average effect）是否会随着文化的变化而变化，现在仍旧存留一个大大的疑问。一项比较了美国和香港的认知偏见的研究指出，两个地区存在着一些差异，尤其是高人一等偏见对于这两个不同地理区域的参与者来说，差异是非常明显的。在这个充满吸引力的领域中，仍需要我们去做更多的研究工作。

为什么这很重要

对于任何成功的公司来说，在公司内部有效地委派任务和资源是非常重要的。公司高管和高级经理们都需要在各自的部门内，将任务恰当地委派给自己的员工：把太有挑战性的工作委派给团队成员，可能会有失败的风险；把太微不足道的任务委派给团队成员，可能会使员工士气低落。高人一等效应或许可以解释"喜欢控制一切"但却没有效率的经理的行为——他们没能成功地委派任务，因为他们认为除了自己，没有其他人能够胜任这份工作，但是他们自己的技能又没有那么高超，无法成功地完成这份工作。

实验所带来的商业启示

认识自己的偏见和所有可能带来有害影响的认知偏见一样，要克服偏见的第一步就是要在它们发生的时候认识它们。在你工作时，什么时候你会表现出偏见，或根据你的偏见做事？比如，你在做绩效评估的时候（"我可能会做得更好"），制定工作流程的时候（"这项工作不可能这么困难"），或者在招聘员工的时候（当我在他们那个职业阶段的时候，我的表现要比他们更好），这些时候是否存有偏见呢？

重新考虑任务委派。你是否恰当地和你的团队分担责任？是如何分担的？草拟一份列表，将你负责的所有任务罗列起来，写清谁在从事这些任务（你或者其他人），以及你使用这样的委派策略是基于什么理念。然后，思考一下在你的决定中，是否包含着偏见？

重新评估自己的技能。低人一等效应向人们提出了有趣的职业问题。你是否低估了自己的期望？有时候你是否觉得你不能做得很好某些职业或任务？是什么使你这样说？你低估自己在这方面的技能，可能只是因为你对这些任务所涉及的实际问题了解得并不够。

—— 你可以对此说些什么 ——→ 101 BUSINESS IDEAS
THAT WILL CHANGE THE
WAY YOU WORK

"不是所有人都能比平均（或中值）水平高一点！"

"我是否高估了自己的能力呢？这样做会产生什么影响？"

"我一直认为自己不具备从事金融服务业的能力，但是有可能我只是

对这个行业了解得不够。"

实验 66
选择退出策略的妙用

对一些默认的事情做出修改对人
的行为有很大影响。

我们的商务套餐中
包含了最好的红酒，
当然你选择不要……

关于实验

在过去的十年间，公共机构和私人机构对微调理论（nudge theory）做了研究。其中早期的一项研究，真正地发现了这个理论的可能性，这项研究是布里吉特·马德里恩（Brigitte Mardrian）和丹尼斯·施（Dennis Shea）两人进行的，他们调查了美国大型企业 401 计划的参加率——该计划是一项退休储蓄计划，包括延期税收，通常由企业缴纳。马德里恩和施主要关注的是该计划的发展情况，为企业职员在 401 计划中引入自动注册（auto-enrolment）功能。他们的雇主立即为他们注册进了该项目，然后为他们提供选择退出（opt out）这一选项。

虽然由于任职时长、性别和其他人口因素的不同，员工们的参加率很有大的差别。任职时长少于 5 年的新员工的参加率在 50% 左右，而在提供了选择退出的机会后，新员工的参加率达到了 86%，这一结果令人非常吃惊。一方面，为退休储蓄被认为是一个非常明智的决定；另一方面，鉴于人们很难将长期决定置于短期决定之前（参阅实验 90），这种狡猾的做法可以在无形中强制人们去这么做。这是一种非常有效，新颖的解决办法。

为什么这很重要

"微调理论"的支持者，如凯斯·桑斯坦（Cass Sunstein）和大卫·泰勒（David Thaler）发现的这一做法已被美国、丹麦、法国，尤其近年来英国实行的激进政府决策应用。在丹麦，"选择退出"系统被认为是提高器官捐献比例的一种方法。这一系统对原先的系统做出了改变，现在领取驾驶执照的那些人被默认为同意器官捐献。丹麦政府允许公民退出这种身份系统，但是这么做就会改变预期的社会规范。据预测，器官捐献的人数会有显著的提高。

实验所带来的商业启示

即使科技发展使社会快速进步，大部分的商业决定最终还是通过人际互动和人际行为来掌控的。因此，经理人员和领导需要知道如何让人们改变行为，但是要让人们觉得自己并不是因为被迫才改变的，也不能因为改变人们的行为而让他们产生不好的感觉。

其中一个选择就是对相关的事务采取"选择退出"的方法。比如，在你主持的每月例会中，你发现要让人们对某些事务进行投票并通过决定是一件非常棘手的事情。与其提出一个问题，如"今天我们需要决定下个季度的奖金，大

家对这个问题有什么想法吗?",你可以选择"决定退出"方法。你可以这样说:
"对于今天的会议,我有一个提议,这个季度的奖金应该和上个季度保持一致。
在这份报告中,我详细例举了这么做的原因。除非有人持反对意见,否则我将
认为大家都投票通过了这项提案。大家有什么反对意见吗?"这里,根据你的
建议,大家采取了"自动默认"态度,你已经假设每个人都将选择参加,他们
可能仍会选择决定退出——这可能是正确的,但是通过框架效应使你的话成为
标准,这将使你的计划通过的几率更高。

───── 你可以对此说些什么 ─────➤ 101 BUSINESS IDEAS
THAT WILL CHANGE THE
WAY YOU WORK

　　"你了解那些箱子的底部写着这样的信息'如果不再订阅邮件清单的
话,请不要打钩?',这是'微调效应'的完美范例。"

　　"除非我听到其他想法,否则从现在开始,我将假设你们都会参加这
次会议。"

　　"你们将自动向慈善机构捐献 0.5% 的奖金,当然你们可以告诉我不打
算这么做。"

实验 67
如何减轻传递坏消息时的心
理负担

　　在面临解雇员工这样艰难的任务
时,我们永远都不可能完全地从情绪

中摆脱出来——你能做的最好的事情就是学会如何处理它们。

关于实验

解雇员工，惩戒指责，负面的业绩评价以及其他类似的事情，都是工作中必不可少的事务。没有这些"不可避免的灾难"，商业活动可能就无法运行，事实上，很多人会称这些灾难是有益的。一个臃肿的机构，只有在进行削减冗余的员工之后，才能真正地蓬勃发展。

来自哈佛大学的约书亚·马格里斯（Joshua Margolis）和来自布兰迪斯大学的安德鲁·莫林斯基（Andrew Molinsky）想要探索传递坏消息对人产生的心理影响。在对110多名传递坏消息人员包括经理，医学工作者，警官和使馆参赞的思想和行为进行分析之后，他们发现：

在面临解雇员工，痛苦的诊疗程序，房屋没收和驱逐出境等艰难的任务时，一半以上的人会因此受到情绪的波动；

在72%的案例中，人们总是小心翼翼地传递坏消息（比如，在进行惩戒指责时，采取一些行动尽可能将受到惩戒的人可能产生的尴尬感降到最低限度）；

在55%的案例中，传递坏消息的人会根据推荐的标准操作程序调整他们传递消息的方式。

为什么这很重要

1982年，在《健康与社会行为》(*Journal of Health and Social Behavior*) 杂志上刊登了一个故事，这个故事后来被广泛引用。在这个故事中，有一位护士，她不得不执行一个并不值得羡慕的任务，即向病人或病人家属告知病人得了不治之症。她为了让病人及其家人觉得她视病人如亲人，每到这时她会让自己沉浸在悲伤的情绪中。而在商业活动中，人们通常被建议使用相反的方法。在公司里，人们总是建议负责传递裁员消息的经理尽力把控好自己的情绪免受这些艰难的任务的干扰，因为如果让这些事情一直牵动他们的情绪，他们将无法理智地处理好这类事情。然而，马格里斯和莫林基斯的研究指出，这种抽离情绪的做法只是一种幻觉，它既不现实，也不是特别理想，与管理正统观念背道而驰。

实验所带来的商业启示

支持那些负责传递坏消息的人。如果一个人总是要向其他人传递各种坏消息，在传递坏消息的时候，大多数时间，他的情绪都会被手头要处理的坏消息所牵动。那么你可以设想一下，这将给他带来多么沉重的心理负担。一定要确保你自己——以及你身边的其他人都意识到了这一点，尽可能地支持那些经常要传递坏消息的人。

拥抱情绪。如果你过一会就要向其他人传递坏消息了，那么和一位你信赖的同事或朋友一起制定不同的方案，这样你就可以以不同的方式传递坏消息。

不要担心偏离事先准备好的预案。大多数公司都仔细地为员工准备了预案，以帮助他们应对尴尬的场面。在抽离情绪方面，这些预案可能会有用，但是你也必须保持灵活性。要考虑到有些时候，不管你之前准备了一个多么完美的方案，你都不可能将情绪完全放在一边。

你可以对此说些什么 ⟶ THAT WILL CHANGE THE WAY YOU WORK

"我敢打赌,他一定不像看上去的那么顽固。一直传递坏消息一定会给他带来沉重的心理压力。"

"由于最近她需要解雇团队中的好几个员工,她的处境非常艰难。我们要确保我们多少认识到了这一点。"

"我们不是机器人,无法随心所欲地抽离我们的情绪。"

实验 68
激发员工创造力的情绪过山车

想要提高创造性吗?充分利用员工们的情绪波动。

关于实验

美国莱斯大学的詹妮弗·乔治(Jennifer George)和周京(Jing Zhou)想要了解在一家大型的油田服务公司内部,什么因素能够推动人们创意的迸发。乔治和周获得了160多个个体样本,样本的学历从高中到博士各不相同。他们对三个因素进行了测试:员工的心理状态(包括积极的心理状态和消极的心理状态);员工们如何评价他们的上级(从公正、反馈、可信赖度这三个方面);上级如何看待员工的创造力。令人惊奇的是,研究人员发现,当员工在短时间内经历过非常强烈的积极情绪和消极情绪，并从他们的上级那里获得强烈的支持时，他们身上最有可能产生高度的创造力。由此可见，情绪上的大起大落，再加上来自直接领导的强有力支持，似乎是迸发创造力的关键所在。

为什么这很重要

大多数研究要么将创造力与积极的情绪紧密联系在一起，当个人感觉放松或愉快时，他们最有可能进行横向思考。要么将它与消极的情绪紧密联系在一起，当人们处于负面情绪之中，他们最有可能发现问题，然后找出方法去解决它们。在莱斯大学进行这项研究之前，这两个看似相反的观点有着不可调和的矛盾。幸亏有了乔治和周的研究，它可以让我们做出这样的假设，即仅仅有消极情绪或积极情绪都是不够的。两种情绪间的转换，加上富有同情心的、工作能力强的领导的支持，才能真正地产生创造力。

实验所带来的商业启示

当然，从实践的角度来看，这并不意味着管理者们要在工作中刻意地创造出一个反复无常的情绪环境，但我们的确要建议经理们可以做以下两件事情。

一是，必须充分认识到消极情绪可能会给工作场所带来的积极影响。如果某个人最近处于非常艰难的境地，我们可以将这种情形重新塑造成解决问题的机会，而不是让那个人沉溺于负面情绪当中。

二是，管理者们一定要敏锐地捕捉到下属的情绪，在任何时候，他们都应该表现出对员工的支持与关心，而不仅仅只是做好管理工作而已，这可是有助于激发"灵感"的时刻。

—— 你可以对此说些什么 ——→ 101 BUSINESS IDEAS THAT WILL CHANGE THE WAY YOU WORK

"我该如何把这次挑战转化为一种机遇？"

"那些在情绪上出现些许波动的员工，可能就是我们所拥有的最有创造力的人才。"

"我知道现在事情可能有些起起伏伏，但是作为你的经理，我怎样做才能最好地支持你呢？"

实验 69
延迟做决定的艺术

推迟做决定有助于做出更好的、更合乎情理的决定。

关于实验

在写《等待：延迟的艺术和科学》（*Wait: The Art and Science of Delay*）一书的过程中，弗兰克·帕特诺伊（Frank Partnoy）——过去是摩根史坦利投资公司的银行家后来成为了美国圣迭戈大学的教授，试图揭示 2008 年金融危机背后的原因。在对金融领域、经济学领域以及心理学领域有关时间安排对决策产生的影响的学术文献进行分析后，帕特诺伊得出了这样的结论：现代资本主义的生活节奏导致人们做出仓促的决定，这对达成最好的结果产生了危害。帕特诺伊引用了一系列的例子，包括外科医生通过使用检查列表延迟手术导致手术死亡率的下降；最好的棒球运动员为了对网球的飞行路线以及对手的位置获得更得的信息进行评估，推迟零点几秒击球。通过这些例子，帕特诺伊传递了一个非常明确的信息——做出决策前所花费的时间并没有被浪费。

为什么这很重要

提高生产力这一信条似乎一直统治着职场。几乎各个行业都将在约定的时间内增加产量视为最有价值的目标：医生应该诊治更多的病人；飞行员应该飞行更多的里程；记者应该写出更多的报道。如果期盼在更少的时间内完成更多的事情，事实上会导致更糟糕的结果，那又会怎么样呢？

2012 年初，《管理学会杂志》（*The Academy of Management Journal*）上发表的一项研究，为帕特诺伊的论文提供了支持性的证据，这些证据令人非常吃惊。在对"对—错"选择进行调查后（在实验中，集中体现为参与者选择撒谎导致经济获益），研究人员发现，与强制参与者做出即时决定相比，如果给他们更多的时间让他们对选择进行思考，他们更可能做出合乎情理的选择（在实验中表现为不撒谎）。

实验所带来的商业启示

在做出重大决定之前不妨休息一下。帕特诺伊已经建议，那些非常注重做出迅速决定的金融机构应当实施相关的程序，为员工提供"冷却时间"供他们思考。正如《管理学会杂志》上那篇研究文章的作者之一基思·默宁翰（J. Keith Murnighan）表达的那样："公司高管们应该清楚，在他们的公司内部哪种决定能够树立起道德的旗帜。如果人们需要以电子媒介方式做出这些决定，那么公司可以为他们的电脑安装相关程序，让他们在做出决定之前腾出思考时间，他们甚至可以在这段时间内，随时提醒自己提醒公司的道德价值是什么。"

── 你可以对此说些什么 ──➤ 101 BUSINESS IDEAS
THAT WILL CHANGE THE
WAY YOU WORK

"我打算将这个问题留待第二天解决。"

"我们总是从产品产量的角度来衡量生产力，但是我们有没有从产品的质量这个非常有意义的角度来衡量生产力？"

"那么匆忙干什么？"

实验 70
关于MBA学生作弊的商业伦理问题

MBA 学士如何作弊，他们为什么作弊？

关于实验

2006 年，《管理教学学会》杂志（*Academy of Management Learning and Education*）的年度论文中，唐纳德·麦凯布（Donald McCabe）、肯尼斯·巴特菲尔德（Kenneth Butterfield）和琳达·屈维诺（Linda Trevino）为 MBA 学生都是作弊者这种长久以来的看法提供了新视野。在他们的定义中，作弊行为包括 13 个标准（其中 5 个标准与小测验和考试相关——比如抄袭同伴的作业或者考试时夹带纸条，另外 8 个与书面家庭作业有关——比如，论文剽窃或伪造参考文献），研究人员邀请学生们参加了一项匿名调查，参加的学生来自于美国和加拿大的 54 所学院和大学，其中 32 所院校中开设 MBA 课程。

研究人员总共收到了 5 300 份反馈，其中 623 份是来自 MBA 的学生。商科学生中，有 56% 的学生承认在过去的一年里至少作弊过一次，这个结果非常惊人。相比之下，非商科学生中 47% 的学生承认作过弊。工程学研究生中 54% 的学生承认作弊，而人文学科和社会科学专业的学生作弊比例就低得多，只有 39%。

为什么这很重要

商业伦理是非常有价值的。在学校里，向年轻人灌输好的品质和遵循原则的做法得到了广泛的认可。但是出于某些原因，大多数时候人们总是对 MBA 课程中的作弊行为视而不见——当然，除非这种行为被发现了。这项研究指出，在美国和加拿大的商学院中，作弊的确是一个真实存在的问题，需要被解决的问题。

实验所带来的商业启示

打破同伴行为周期。在探索作弊行为的原因时，研究人员发现导致商学院学生作弊的重要原因来自于通判行为。事实上，MBA 学生觉得作弊是可以接受的，因为他们认为其他学生也在作弊。这反映出了在某些商学院中可能存在着一种文化现象。行政管理人员和学院院长应该直面问题并解决问题，强迫学生认识到这个问题的严重性以及作弊被抓的后果。公司的雇主也应该对这个问题保持警惕。每个人都有可能作弊，拥有一张 MBA 文凭并不意味着这种风险会有所降低。

"在考试中作弊体现了个人存在道德缺陷——如果我们的公司雇用这样的一个人，我们能承担这样的风险吗？"

"你会伪造一份财务报告吗？如果你认为伪造原始材料或引用没有问题，那么我怎么能肯定你以后不会伪造财务报告呢？"

"同伴行为会助长不好的行为。我们需要良好的行为为人们树立榜样。"

实验 71
管理神话是如何诞生的

在管理学研究领域最频繁地被引用的理论之一霍索恩效应（Hawthorne Effect）并不是它看上去的那样。

关于实验

在1924年至1932年期间，两位来自于哈佛商学院的教授埃尔顿·梅奥（Elton Mayo）和弗里茨·雷特里斯伯格（Fritz J. Roethlisberger），在位于芝加哥市以外的通用电气公司旗下的大型霍索恩工厂内，进行了一系列对于工作场地开创性的研究。在进行的众多实验当中，一项最著名的实验是建立于工厂的照明上的。女性工人（一些人因为这些研究已经小有名气）被要求组成团队，她们的产量通过安装在滑道下面的继电器进行测量。然后，研究人员就一些对产量水平产生影响的变量进行了测试。这些变量包括：让工人们休息5分钟，在休息时间为她们提供点心，在工厂内降低或提高照明亮度。关键的发现是，不管被测试的变量是什么，工人们的生产力通常都会在之后的一小段时间内得到提高。梅奥提出了这一假设，实验中对工人们的关注以及团队中发展起来的友爱情谊，这两者一同促进了生产力的提高。

为什么这很重要

自从梅奥的研究被大家了解之后，霍索恩效应这一术语就在各种管理领域被使用甚至滥用。这一效应被看作了一种福音，这些福音包括"你需要好好地对待工人"，"如果你只关注一个问题，事情就会有所改善"，等等，所有的这一切都被指向所谓的霍索恩研究的"发现"。然而，这些实验从来没有被正式记录下来（据说原始的数据丢失了），只是建立在 5 位工人的产量之上，其中还有两位女性由于在实验中表现很差，被替换掉了。

然而，史蒂芬·列维特（Steven D. Levitt）和约翰·李斯特（John A. List）成功地发现了实验的数据，之后又再次进行了分析。他们发现用其他因素根本无法解释霍索恩效应——比如，产量是在每周的星期几进行测量的。用他们的话说："当数据被适当地解读之后，我们发现几乎没有什么可以支持霍索恩效应。但是，我们发现对数据缺乏判断力误读，可能会导致有些人错误地得出霍索恩效应真实存在的结论。"

实验所带来的商业启示

一个神话并不意味着它全部都是谎言。这也未必意味着人们会因为其他人的关注而改变自己的行为的霍索思效应完全是虚构的。其他的研究已经证实，那些被实验的对象也许会因为自己受到观察而改变自己的行为。神经病学和心理学教授和职业医生马丁·奥恩（Martin Orne）已经对此进行过研究，并将这种效应被称之为"需求效应"（demand effect）。所以在任何研究中，实验人员都应该控制这种因素。然而，这里所要强调的重点是霍索恩效应——至少这种建立于霍索恩研究的基础上的效应，并不存在。这是一个管理神话。因此，当你下一次听到别人援引它的名字时，你也许希望提醒他们这一点。

———— 你可以对此说些什么 ————> 101 BUSINESS IDEAS
THAT WILL CHANGE THE
WAY YOU WORK

"当你提到霍索恩效应的时候，你真正想表达的意思是什么？"

"我们需要留意需求效应。如果我们正在试图做一些不一样的事情，人们可能会以出乎意料的方式对此作出反应。"

"我们还把其他哪些管理神话当作福音了？"

第三部分

关于商业经营的实验

101
BUSINESS IDEAS
THAT WILL CHANGE
THE WAY YOU WORK

第8章
关于商业模式的实验

实验 72
游戏化改变商业模式

游戏如何使你的工作发生革命性的变化。

关于实验

做游戏是为了获得乐趣。相反，工作并不能让你随时获得乐趣。如果能够过将工作变得变得像游戏一样更富有乐趣——从而够让你的企业更加有吸引力，员工更加敬业，

顾客更加忠诚，那么你会怎么想呢？这就是游戏化理念（gamification）。游戏化这一术语在许多不同的行业都备受青睐。尽管对这一理念的定义仍旧非常宽泛，但是，游戏设计者简·麦戈尼格尔（Jane McGonigal）将这一理念定义为拥有明确的目标、吸引人的规则、绩效反馈和自愿参加的参与者，表达了游戏的基本原则。这一理念可以运用到大多数商业背景下，并能帮助公司在业绩方面实现真正的提升。

为什么这很重要

来自沃顿商学院的两名副教授在其合著的《为了成功》（*For the Win*）一书中，叙述了美国微软公司内部的一场竞赛。在这场竞赛中，公司鼓励员工找出Windows 系统中的错误，发现错误就可以得分，设立的排行榜可以追踪到公司中表现最好的员工，突出竞争优势。员工这次竞赛的参与度非常高，甚至拿出了一整天的时间，完全专注于寻找错误。使工作变得"富有乐趣"的美好前景

促使许多公司也在其商业运营中尝试运用游戏化的理念。

实验所带来的商业启示

迅速地搜罗一下受欢迎的游戏技巧，也许有助于激发你的灵感，让你想到如何为你的工作增添游戏因素。

社交网络——比如 LinkedIn 和 Facebook 这样的网站可以让所有人看到你拥有的好友数量以及联系人数量。这样的网站可以激发使用者的竞争渴望，让他们不断增加联系人数量。

健康和幸福。在一些健身房，健身者被邀请记录下他们在各项运动中的最高纪录，下一次他们再来健身的时候，就可以进行自我挑战，不断超越自我。

人才招聘。贝恩咨询公司（Bain & Company）实行了一项试点计划，在这项计划中公司鼓励员工玩在线游戏，期待通过这种方式来提升成为一名成功的咨询员需要具备的重要技能，然后公司将这些发现用于改善公司的招聘流程。

客户奖励。对零售商店的顾客进行积分奖励，这将为顾客带来强大的竞争动力，增加他们的积分，最终获得打折。

—— 你可以对此说些什么 ——→ 101 BUSINESS IDEAS THAT WILL CHANGE THE WAY YOU WORK

"让我们设立一个排行榜，看看谁在提交报销最准时——也许一些温和的游戏技巧可以解决这个长久以来的问题。"

"如果将我们的生意比作一款计算机游戏，那么我们要怎么打这款游戏呢？"

"我们如何通过一些简单的技巧来吸引顾客呢？"

实验 73
迎接长尾时代的到来

互联网已经从本质上改变了产品
的供应和需求。

关于实验

帕累托分布（Pareto distribution）通常被称作"80/20 原则"（80/20 principle），是商业领域应用最广泛的一个理论，以最先发现它的意大利经济学家维弗雷多·帕累托（Vilfredo Pareto）命名。该原则是指一件事情的 20% 通常是另外 80% 的起因。比如，帕累托观察到，20 世纪初在他的祖国意大利，20% 的个人拥有整个国家 80% 的财富。世界各地的企业管理者都采用了这种理论并声称，20% 的工作造成 80% 的影响，或者 20% 的产品产生 80% 的利润。

在互联网出现之前，大多数零售商的收益流都符合帕累托分布原则。然而，正如美国《连线》杂志（Wired）的主编克里斯·安德森（Chris Anderson）所说，现在情况改变了。主要的零售商的利润——比如亚马逊网站的利润，更符合长尾分布（long-tail distribution）的理论。绘制成一张图表，许多价值会伸展开来，得延伸到平均数右端的很远处。换句话说，亚马逊网站的利润更多来自于出售小批量的物品，并非来源于一小部分大批量销售的产品。

为什么这很重要

从传统意义上来说，公司都试图通过制造或出售一小部分非常受欢迎的产品或服务给大批的消费者来获取利益。这在各种不同的领域中能经常地看到。

投资基金试图将他们的投资者数量最小化，将精力集中在这部分高价值的客户身上；汽车制造商专注于生产一小部分非常流行的汽车型号；政府大部分的税收都来自于最富有的市民。

这些现象背后最主要的原因就是这种简单的经济学原理——规模经济将精力集中于一小部分的领域。储存很少有人买的商品或制造没人想要的汽车是非常昂贵和非常浪费的。然而，互联网正在改变这种情况。由于寻找稀少的产品比过去更加方便了，所以人们对稀缺物品的需求量也随之上升了，供应商对这些产品的供应量也增加了。比如，亚马逊网站的商业模式依赖于集约化的仓储、配销与供应链。"长尾"时代也许正在来临。

实验所带来的商业启示

拥抱长尾。几乎没有行业可能逃避向长尾分布转变所带来的影响。因此，你要么拥抱长尾分布，要么坚持原有模式，抵制这种现象。

拥抱未来。如果你的顾客越来越想要不同寻常的、个性化的商品，那就想办法让你的公司以更便宜的价格、更便捷的方式为消费者服务。通过集约化仓储或与其他的零售商共享存储空间来降低存货和储存产品的费用。通过使用更加便宜的市场营销方法、社交网络或病毒式营销宣传，来接触分布在尾端的新消费群体。

保卫你的领地。有时，如果进一步向尾端扩展市场，在经济上不可行，在战略上也不理想的话，那么就确保你提供的产品选择是最好的，其他的竞争产品无法和你的产品相媲美。思考一下什么能让你的产品或服务与众不同，在日益激烈的竞争中，如何保护自己的产品。

你可以对此说些什么 ⟶ 101 BUSINESS IDEAS
THAT WILL CHANGE THE
WAY YOU WORK

"我们以往没有关注的那 80% 市场是怎样的？我们如何在确保经济上可行的情况下，开发那部分市场？"

"互联网的出现使我们面临的竞争更加激烈了——我们如何保护自己免受其害呢？"

"我们想要成为专业化的小公司还是面向大众市场的供应商呢？我们不可能介于中间，以期望获得最好的结果。"

实验 74
理性已经消亡，向动物精神致敬

标准的经济学理论已经被我们的动物精神所击垮。

关于实验

2003 年，诺贝尔经济学奖获得者乔治·阿克尔洛夫（George Akerlof）和耶鲁大学教授罗伯特·席勒（Robert Shiller）开始写书哀叹古典经济学家的世界观。在 2008 年金融危机爆发之后，他们出版了书籍《动物精神》（*Animal Spirits*），正好反映了当时的经济情况。他们的论点建立在约翰·梅纳德·凯恩斯（Maynard Keynes）于 1936 年出版的《通论》（*The General Theory*）的观点之上，该书指出人们的行为不能被标准化为简单的公式和模型，因为"我们决定做一些积极的事情……也许只能被看做动物精神带来的结果，这是一种急于活动的冲动，并不是权衡了量化的好处和量化的可能性之后给出的结果"。根据阿克尔洛夫和席勒的观点，自从凯恩斯革命（Keynesian Revolution）以来，正统的经济学理论已经逐渐忽视情绪化在决策过程中起到的作用，这种做法对经济学这一学科产生了很大的危害。要使经济学能真正造福世界，我们必须重新将情绪纳入经济学的研究之中。

为什么这很重要

阿克尔洛夫和席勒找出了五种精神，它们在很大程度上改变了人们的行为倾向，使人们无法以完全理智的方式行事。这五种精神包括：

1. 信心（Confidence）。积极的情绪或消极的情绪会产生较大的影响，使人们无法做出理智的决策。因此，如果一位商人在过去的一周获得了巨大的收益，他对下星期可以获得相同收益的信心就更大了。尽管从概率上来说，有很多证据证明这是不可能的。

2. 公平（Fairness）。人们对公平与否这个问题高度敏感——即使这和他们的最大利益有冲突（正因如此，他们假设这是"理性行为"）。

3. 腐败（Corruptions）。权力和金钱会使人堕落，而古典经济学并没有足够重视这些可能使人们背离理智行为的影响因素。

4. 货币幻觉（Money Illusion）。人们非常不擅长将通货膨胀的影响纳入他们的财务核算中，这可能导致人们做出一些有违常理的决策。

5. 故事（Stories）。与冷冰冰的、无法否认的事实或数据相比，故事可以对记忆产生更强大的作用（参阅实验77）。

当我们预测人们将做出怎样的行为时，我们也应该考虑到以上的五种精神。

实验所带来的商业启示

记住以上的五种精神。在尝试预测人们将对特定的情景作出怎样的反应时（比如，使产品进入市场，推行遣散超额员工计划，或改变服务的订阅率），一定要记住阿克尔洛夫和席勒提出的五种精神。也许这种基于人们总是选择他们认为最理智的、给他们带来最大利益决定的假设，会使对人们的行为做出预测变得非常简单。但是如果你将事情复杂化（并让它看起来更真实），比如纳入公平因素，将会发生什么呢？你可能正向工会工人提出协商支付结算。从理论上来说这非常慷慨，你可能期望着他们会接受这项提议。但是，如果另一个行业的工人获得的条款并没有那么慷慨，又会发生什么呢？他们是否可能因为团结和公平，而觉得自己应该拒绝这个条款呢？理性的古典经济学理论通常不会将这种细微的差别考虑进去。

—— 你可以对此说些什么 ——→ 101 BUSINESS IDEAS
THAT WILL CHANGE THE
WAY YOU WORK

"为什么我们认为人们会理性行事呢？"

"根据许多假设，我尝试建立了产品的销售情景模型。我已经尽力把这个模型做得最好了，但是我们仍应该谨慎地对待它——事实上，预测人们的行为超乎想象地复杂。"

"不管是名义值方面还是真实值方面，我们都需要对薪资福利的解释进行简化。"

实验 75
如何把黑天鹅变成白天鹅

看似非常不可能发生的事情往往
会对世界产生最大的影响。

关于实验

纳西姆·尼古拉斯·塔勒布（Nassim
Nicholas Taleb）曾是一位对冲基金经
理和华尔街交易员，现在涉足了学术领域。他谴责人类似乎永远无法满足的、
但是最终有缺陷的、试图预测未来的欲望；他批评所有高调的个人，从风险经
理到政治家，再到诺贝尔奖获得者；他指出现代人对待风险、不确定性和预
测未来的态度毫无价值，因为他们把正态高斯分布"贝尔曲线"（the Gaussian
normal distribution 'bell curve'）世界观当作英雄崇拜——这种观点认为"普通情
况"统治着一切。然而，塔勒布鼓励人们采取一种肥尾分布（fat-tailed，参阅实
验73）的风险观念，这种观点认为异常值和出乎预料的事情一直非常重要。

塔勒布的批评理论指出，出乎意料的事件和无法预料的事件对人类产生了
最大的影响。准确地说，正是因为它们出乎意料、不可预知，所以很少人去关
注如何降低它们的风险。这些事件，比如"9.11"恐怖袭击或2008年全球金融
危机就是塔勒布所说的黑天鹅——这一术语取自近代早期时伦敦非常流行的一
句话："所有天鹅都是白色的"，因为在那个时候没有证据显示还有黑色的天鹅。
黑天鹅事件拥有三个主要的特征：它们总是出乎意料的；它们会产生巨大的（消
极或积极的）影响；事后社会试图让它们看起来是可预测的，即使没有人能预
测到它们的来临。

为什么这很重要

黑天鹅事件一个最好的例子就是发生在 1998 年长期资本管理基金（Long-Term Capital Management）崩盘事件。基金经理们深信他们精心制作出来的模型具有完全的准确性和精确性。他们对模型的依赖程度如此之高，以至于当真实世界发生了模型没有考虑进去的事件时（这些模型关注有限范围内可能发生的事情），他们没有能力有效地处理这些情况，如 1997 年发生在亚洲的金融风暴。

同样地，许多医院实行的病人出院计划是建立在病人留院时间的平均值之上，比如，平均住院 3 天。这个计划也许可以让病人有计划地入院出院，不会让昂贵的、视若珍宝的病床停用。然而，如果大批的、在原有预计之外的病人要住院 30 天，那么病人流动计划就会完全被打乱了，医院则因此陷入安全运营的重压之中。过度依赖一种预测模型以及过度关注活动的平均类型（或者其标准差）可能导致灾难的来临。

实验所带来的商业启示

认识到这种弊端。首先，认识到预测模型的局限性是一种非常明智的态度。许多公司都会制订五年的经济计划，通常近乎荒唐地将计划精确到了小数点的位置。与其盲目地相信这些计划，不如给出一系列的可能方案，然后谦虚地、现实地承认还有许多未知的未知，也许更加明智。

保持简单的原则。对于大多数过程和产品，我们需要将它们简单化，把它们分成一个个小的部分。一个产品越复杂（金融衍生物，如债务抵押债券，就是一个恰当的例子），就越可能存在未知的、很难规避的风险。这些过程越相互联系，黑天鹅事件就越容易发生，其影响的范围和强度就越容易增加（金融市场就是一个最好的例子)。

密切关注幸运的天鹅。从更加积极的角度上来说，认识到有些黑天鹅可能会产生积极的影响，比如，互联网。可以使自己暴露在一些健康的、积极的不确定性面前，当它们发生的时候你就可以成为受益者。和那些各不相同的、具有创新能力的潜在商业合伙人在一起——你永远不会知道在其中会产生怎样的机遇。

—— 你可以对此说些什么 ——→ 101 BUSINESS IDEAS THAT WILL CHANGE THE WAY YOU WORK

"事后来看，事情总是更加明显。我们真的没有预料到它会来临。"

"我们所做的每件事情都假设了世界是以整齐的、正常的态势分布的。

如果不是，又会怎么样呢？"

"我想提反对意见，但是我真的不知道要说什么。"

101

BUSINESS IDEAS
THAT WILL CHANGE
THE WAY YOU WORK

第9章
关于销售与营销的实验

实验 76
为什么优秀的销售员都是乐观的人

优秀的销售员都是乐观的人。

关于实验

优秀的销售人员形形色色，有
着各自不同的特点。很难确定哪些特
定的性格特征可以使一些人比其他人更擅长销售。下面的研究却对此进行了
研究，并有所发现在 20 世纪 90 年代末，沃尔顿商学院的彼得·舒尔曼（Peter
Schulman）针对保险销售团队做出了一份非常吸引人的研究报告，这份报告提
炼出了一个可能成就优秀销售员的特定性格——乐观。舒尔曼的研究发现，与
那些悲观的保险销售员相比，乐观的销售人员的销售业绩平均高出 35%，并且
悲观的销售人员更可能在从业后的一年内放弃保险销售工作。舒尔曼的研究支
持了大卫·迈尔（David Mayer）和赫伯特·格林伯格（Herbert Greenberg）所拥
护的优秀销售人员理论。1964 年，迈尔和格林伯格发表了《是什么成就了优秀
的销售人员》（*What Makes a Good Salesman*）的论文，该论文提出同情心和自
我驱动力是所有优秀的销售人员共同具备的特征（"自我驱动力"需要极其乐观，
因为一个人需要不断地从失望中振作起来）。

为什么这很重要

正如菲利普·德尔夫斯·布劳顿（Philip Delves Broughton）指出的那样，
人们对销售这一行业持有非常奇怪的态度，人们把销售看作是一个肮脏的词汇，总是游走在道德的边缘。因此，很少有有力的研究致力于以真正基于证据的方式，真正理解如何成为一名优秀的销售人员。这种认为任何销售工具或技巧都比不上乐观这一个性特征的看法使人们松了一口气。因为正如美国心理学会前任主席马丁·塞利格曼（Martin Seligman）说的那样："乐观是可以学会的。"这种观点也受到了人们的普遍欢迎。

实验所带来的商业启示

基于心理学家艾尔伯特·艾利斯（Alert Ellis）的研究，塞利格曼进一步发展了 ABCDE 模型，教授人们如何学习乐观。当一个人经历悲观情绪的时候，这个理论指出他们应该讨论这个模型，其中包括逆境、产生看法、该看法所带来的结果、驳斥这种看法以及成功驳斥所带来的激励。例如：

逆境（Adversity）："这次求职面试，我真的失败了。"

信念（Beliefs）："我非常不擅长面试，我一直失败，我永远都不会获得自己想要的工作。"

结果（Consequences）："未来，我遇到自己真正想要的工作时不会再去申请，对面试表现的担忧给我带来了负面影响。"

驳斥（Disputation）："我的面试并没有那么糟糕，许多非常优秀的求职者同样没有获得这份工作。我的面试经历还不足，可能还有些生疏；如果我下次再多加练习，那么我获得工作的机会就会更大。我从面试中获得了非常有用的反馈信息，这意味下次准备面试时，我知道应该把自己的哪些优势体现出来。"

激励（Energization）："我知道，在下一次面试中要获得成功，我需要做些什么事情，我必须坚持做这些事情。"

—— 你可以对此说些什么 ——→ 101 BUSINESS IDEAS
THAT WILL CHANGE THE
WAY YOU WORK

"拥有积极的人生观，有意愿去反复尝试，这一切要比 MBA 学位更加
重要。"

"在招聘销售人员的面试中，我们应该测试应征者的乐观程度。"

"你可以学会乐观——就如同 ABCDE 那么简单。"

实验 77
故事永远比事实更动听

与数据相比，故事和叙述会产生
更大的影响。

关于实验

要使你想要传递的信息给他人留下一个持久的印象，什么方法最为有效？
寻求捐助的慈善机构一直在不断努力，努力说服他人捐出自己的钱去帮助其他
人。沃顿商学院所做的一项实验说明了，与原汁原味的人物故事相比，事实和
数据对捐献者所产生的影响却不大。

在完成了简短的调查之后，学生们获得了 5 美元，然后研究人员向他们展
示了一份传单，要求他们为一个重要的全球儿童慈善机构捐款。实验中，一共
有两组不同的学生，他们看到的传单有所不同。

第一个小组的传单上这样写道："马拉维的食物短缺正在影响着 300 万的
儿童。从 2 000 年开始，赞比亚严峻的干旱导致玉米的产量降低了 42%。因此，

预计有 300 万的赞比亚人将面临饥荒。400 万的安哥拉人……被迫逃离他们的家园。在埃塞俄比亚，超过 1 100 万的人需要及时的粮食援助"。

第二个小组的传单上面印着一张小女孩的照片，上面的文字是这样的："你所捐献的全部资金都会用于帮助洛基亚——这位来自非洲马里的 7 岁小女孩。洛基亚非常贫困，面临着严重的饥荒甚至可能饿死。因为你的捐助，洛基亚的生活将会得到改善。在你以及其他富有爱心的捐助者的帮助下，救助儿童会(Save the Children)将和洛基亚的家庭以及社区中的其他家庭一起努力抚养她，教育她，同时为她提供基本的医疗护理和健康教育。"

在阅读完传单要求他们捐款时，第一个小组的学生平均每人捐了 1.16 美元，而第二组的学生平均每人捐了 2.83 美元，这个结果很有启发性。

为什么这很重要

在第一份传单中，对于慈善机构试图解决的问题，就其本质和规模提供了明确的、量化的、非常具有说服力的数据。但是与第二份传单所获得的捐款相比，第一份传单获得的捐款却少了一半。相比之下，第二份传单既没有包含任何数据信息（除了洛基亚的年龄），也没有对问题的规模或程度给予任何说明。通过一位年幼女孩的困境这面三棱镜，通过语言和图片进行描述，产生的影响是文字繁多的传单的两倍。与富有逻辑、具有实证的陈述相比，简单的、可理解的故事所产生的影响力更大。

实验所带来的商业启示

学会讲故事。领导们需要不断地描述公司的未来是什么样的；董事会成员需要签署战略计划；投资者或公司股东需要对预计的财政状况充满信心；团队以及成员需要知道他们的公司将往哪个方向前进。用于沟通这些信息最常用的媒介就是分析模型，有时候通过几张幻灯片来讲述，有时候通过一场干巴巴的新闻发布会来总结。通常，这和听起来的一样激动人心。沃顿商学院的研究指出，在沟通这些信息时，你应该以勾勒一个故事为目标——也许以一位顾客或一位员工或一位投资者为中心，要使这个故事与观众们产生共鸣。当然这并不等于不需要详细的模型和分析。这个故事应该和你通过实证的手段所做出的预测结合起来，从而引发人们的关注。

—— 你可以对此说些什么 ——→ 101 BUSINESS IDEAS
THAT WILL CHANGE THE
WAY YOU WORK

"在我们未来的医院中，史密斯先生不需要因为要不断地做检查，而来回奔波于家和医院之间——他只需来医院一次，就可以获得快速、安全的治疗。"

"让我们对未来做一些计划：我想要你从十年后的自己的角度来写一段话，展望一下下一个十年里你将获得哪些成就。你会说些什么呢？"

"女士们，先生们，你们可以稍后阅读我们公司计划和规划的细节。今天，我只想站在一位客户的角度来和你们谈谈我们公司的愿景。"

实验 78
宜家效应的精髓——参与感

对任何人而言，会对自己亲自参与的事情赋予更高的价值和意义。

关于实验

除了提供良好的使用价值和时尚的设计，还有什么因素可以解释瑞典的自行组装家具巨头宜家公司所获得的巨大成功呢？根据哈佛商学院的研究得出的结论，我们参与到宜家家具或其他产品的制作的程度有助于提高这些物品在我们眼中的价值。建立于马修·怀特（Matthew White）和保罗·杜兰（Paul Dulan）所推崇的"让努力合理化"（effort justification）的论点之上，迈克尔·诺顿（Michael Norton）、丹尼尔·莫雄（Daniel Mochon）和丹·艾瑞里（Dan Ariely）进行了三项研究来更清晰地阐明宜家效应（IKEA effect）。

在第一项实验中，一部分参与者被要求组装一个宜家的储物箱，而另一部分人只是被授予了检查这些箱子的任务，当参与者们有机会购买这些储物箱时，对于同样的箱子，组装箱子的人比检查箱子的人愿意多出 63% 的价钱购买；在第二项实验中，人们被告知制作一个折纸人物，然后再要求他们对作品做出评价；与那些给折纸人物打分但没有参与制作的人相比，制作者对作品的评价要比非制作者高出 5 倍；在第三个实验中，与其他人搭建的乐高玩具套装相比，参与者们对自己搭建的乐高套装给出的评价更高；第四个实验显示，如果参与者在第一个实验中没有完成储物箱的组装，那么和完成搭建的参与者相比，他们对产品的重视程度更低。

总而言之，研究人员的实验显示，与一件预先组装完成的物品相比，如果你从头至尾制作了这件物品，那么你很有可能会为它赋予更大的价值。

为什么这很重要

我们如何从自己购买的商品和服务中获得价值，这是一个任何企业家或领导都必须关注的问题。什么使我的产品更加特别？什么使得人们渴望拥有它？"宜家效应"指出，与其把商品制作得更加精细，增加最新的技术发明或者升级至更加时尚的设计，不如通过一个更简单的方式获得价值——把产品和服务制作得更具有互动性和合作性。虽然诺顿等人的实验只关注了比较简单的物品——一个储物箱或一件折纸人物，但探讨一下宜家效应能否运用到更加复杂的物品中去是非常有意义的。

实验所带来的商业启示

为了吸引顾客的注意力，你如何让自己经营的业务尽可能地和你的终端客户产生互动呢？如果你提供的是咨询服务，你可以做什么以确保所有的解决方案都同时传达给客户了呢？如果你在网上出售衣服，你要如何确保你的顾客会觉得他们最终购买的衣服是为他们量身定制的，他们亲自参与了衣服的设计呢？也许你可以出售网络消费者自己亲自参与设计的服装。也许你需要重新考虑一下你的饭店上菜的方式？如果食客亲自参与了食物的烹饪，他们会不会为这些菜赋予更大的价值呢？对于这些问题，目前还没有明确的答案，但是宜家效应应该可以鼓励你用更具创造力的方式思考，该如何去吸引你的目标市场。如果消费者觉得自己参与到了所购买的物品的设计的话，那么他们会更加重视这些物品。

你可以对此说些什么 ⟶ 101 BUSINESS IDEAS
THAT WILL CHANGE THE
WAY YOU WORK

"宜家效应解释了为什么他会把这些他亲手绘画但非常难看的图画挂在墙上的原因。"

"这真的很有道理——从客观上来说，我知道我的咖啡桌非常难看，但正因为我也参与了制作，所以我觉得它非常亲切。"

"在运用最终的产品吸引客户方面，我们如何使自己的经营模式更像宜家的模式呢？"

实验 79

在不经意间迸发无限的创意

最富创造力的想法往往在最放松的时候产生。

关于实验

来自于荷兰阿姆斯特丹大学的爱普·迪克特赫斯（Ap Dijksterhuis）和托恩·莫伊尔斯（Teun Meurs）试图探索"酝酿"（incubation）——被定义为"一个人的有意识思维停止，无意识思维运作的这个阶段"，对创造力所产生的影响。为了达到这一目的，研究人员进行了三个实验。在每一个实验中，他们都把参与者分成了三个不同状况的小组：1.在实验中，提出问题之后要求参与者马上给出答案（被称作即时状态，在实验中充当基准线）；2.提出问题之后，参与者被鼓励在回答之前留出特定的时间进行有意识地思考（被称作有意识思维状态）；3.在回答提出的问题之前，在特定的时间内让参与者分散注意力（被称作无意识思维状态）。

实验的结果清晰地显示，与在有意识思维状态下回答问题的参与者相比，在无意识思维状态下的参与者给出的答案更加具有创造力，更加不同寻常，更加无法理解。

为什么这很重要

创造力和创新，对于许多行业而言，已经成为了它们出奇制胜的杀手锏，公司的领导们坚信创造力是促进经济增长的关键所在。然而，创造性的头脑风

暴环节的频繁使用常常会导致只有一小部分人能将他们长久以来的想法以及对

其他人的偏见说出来，这一环节常常被打上"富有
创造性的、能够激发新的思想"的标记。这真是太
可惜了！事实上，阿姆斯特丹大学的这项研究向我
们展示了，我们最具创造力的时候，并不是在被强
制性地对特定的话题进行有意识地思考，并被要求
给出一个答案（传统的头脑风暴课程）的时候。当
我们分散注意力，大脑中没有太多想法时，才是我
们最具创造力的时候。

实验所带来的商业启示

不要感到紧张。当你试图想出富有创造力的想法时，不要给自己或其他人
施加太大的压力，只关注一个特定的话题。让你的大脑自由畅想，然后再回到
手头的这个问题上。

尝试玩一下随机单词游戏。能帮助做到这一点的一个练习就是随机单词游
戏。一位引导者选择一个特定的话题，并在小组中生成各种想法，然后加入随
机的单词进行思考。比如，你也许非常关注这个问题——"我们该如何增加信
息科技软件包的销售量？"随后引导者扔进了一个随机的单词，比如"鸭子"，
小组中的其他人必须马上想出与这个单词有关联的想法。例如，一个想法可能
是这样的："鸭子们大批地迁移到更合适的环境中去。对于消费者而言，我们需
要将我们的软件打造成显而易见的选择（更好的选择），同时通过软件使用者的
网络帮助传播这种理念（大批）。"尝试一下。

你可以对此说些什么 ⟶ 101 BUSINESS IDEAS THAT WILL CHANGE THE WAY YOU WORK

"我们遇到了一个特殊问题，但是我们被这个问题卡住了。让我们变得更富创造力吧——拿出一本书，我们要随机选择一个单词，然后根据这个词给予我们的灵感获得一些想法。"

"对于这个问题，不要思考得太过辛苦了。我们最好的想法通常都在最不经意间出现——我们在思考其他事情的时候。"

"坐在一间沉闷的房间内，穿着西装，读着厚厚一叠幻灯片，这些与创造性思维完全相反。让我们出去一会，从各种不同的来源中找到灵感，然后再回到这个问题上面。不要过于关注！分散我们的注意力。"

实验 80
如何避免信息的不对称

信息不对称会导致低效率、无效的市场。

关于实验

在二手车市场，汽车的所有权从卖家手中转移到买家手中。美国有一句俚语，用樱桃来形容好的汽车（指保养完好的），而用柠檬来形容不好的汽车（指在购买之后不久就容易发生故障的）。介于二手车市场的特点，对于买家而言，他们很难确定自己打算购买的汽车是"樱桃"还是"柠檬"。这个市场上存在着很多变量，比如之前所有者的驾驶风格、交通事故历史、保养检查等，这一切都会影响汽车的质量。对于潜在的购买者而言，他们很难去评估这些变量。然而，卖方知道所有的信息或者至少大部分的信息。因此，在二手汽车市场上，存在着"信息不对称"（information asymmetry）的现象，即在交易中，一方比另一方了解更多的相关信息。

在二手汽车市场上，这种现象造成的影响非常明显。起初，由于买方很难评估汽车的质量，一些卖家会利用这一点，将质量不好的汽车放在市场上出售，并以高出价值的价格售卖。随着时间的推移，买方开始意识到这种交易存在的风险，而反过来又会压低市场中汽车的平均价格，因为买方不愿意花费大笔的资金去承担可能买到一辆质量不好的汽车的风险。因此，随着市场平均价格的降低，卖方不愿意出售高质量的汽车，因为市场给他们制定了非常低的价格。最后，质量差的汽车将质量好的汽车驱出市场。

为什么这很重要

诺贝尔奖获得者经济学家乔治·阿克洛夫，1970 年刊登在《经济学季刊》（*Quarterly Journal of Economics*）上的一篇成名论文中提出了"柠檬市场"（market for lemon）的概念。从那时开始，他的理论就对经济学领域产生了非常重大的影响。在每个地方，几乎都可以找到信息不对称的现象。比如，在健康保险领域，与购买保险的人相比，保险出售者对被保险人的目前健康状况了解得更少；房地产经纪人对于将要售卖的房子，了解的信息要比买房者更多；在金融市场，某些投资者也许会比其他投资者拥有更多的信息。

关于坚持不懈的一点题外话是，阿克洛夫这篇改变游戏规则的论文在《经济学季刊》上刊登之前，曾经被三家知名的杂志拒绝，拒绝的理由要么是观点不正确，要么是观点太微不足道了。但现在，这篇论文已经成为了有史以来被引用最多的经济学论文之一。

实验所带来的商业启示

公平地获得信息。要真正瓦解信息不对称的唯一方法就是确保所有的相关方对于相关的信息和知识都拥有平等获得的机会。从时间的角度上来说，几十年来，政策制定者一直都在努力克服这个问题，在解决方案上，取得了不同程度（大部分比较低）的成功。在美国，《马格纳森—莫斯保证法案》（*Magnuson-Moss Warranty Act*）（在阿克洛夫这篇寓言式的论文发表之后获得了"柠檬法律"的称号）试图在二手汽车市场保护买方。

保持市场透明度。除了等待市场监管，个体公司也可以尝试克服信息不对称这一现象。公司比消费者拥有更大的权力，因此更应该使交易的规则更为平等。越来越多的超市通过与其他竞争对手的"价格比较"来进行宣传。如果你提供的商品价格比竞争对手的更加优惠，包装比他们的更加精美，那么这也许是一个明智的选择。如果与竞争对手相比，你并没有提供更好的选择，那么也许你应该要改进自己的产品了！

— 你可以对此说些什么 → 101 BUSINESS IDEAS THAT WILL CHANGE THE WAY YOU WORK

"在我们的行业中，存在着哪些信息不对称的现象？"

"过去我们通过这一事实赚钱，即我们的消费者对信息不对称完全无能为力；随着市场透明度的不断提高，我们还可以一直依赖于信息不对称，在竞争中获得优势吗？这么做合乎道德吗？"

"我刚刚发现他们从消费者那里赚了多少钱，以后我是不会再使用他们的产品了。"

101

BUSINESS IDEAS
THAT WILL CHANGE
THE WAY YOU WORK

第10章
关于消费者心理学的实验

不，
谢谢。

实验 81

你越害怕失去，就越可能失去

相对于获利的诱惑，我们本能地
会对损失更加畏惧，这会妨碍我们在
商业领域做出明智的决策。

关于实验

假设：

别人要和你打赌，以所投掷的硬币正面朝上或反面朝上决定输赢：

● 如果你输了，你得支付 100 英镑；
● 如果你赢了，你会要求对方给多少钱？

你会给出什么数目呢？和大多数赌博的人一样，最有可能的数目是在 200
英镑和 300 英镑之间。这意味着和获利相比，你更重视防止遭受两到三倍的损失。
这种经济上的非理性偏好被称作"损失规避"（loss aversion）——人们更偏爱规
避损失，而不是获得利益。正如诺贝尔奖获得者、行为经济学家丹尼尔·卡尼
曼（Daniel Kahnerman）和他的研究伙伴阿莫斯·特沃斯基（Amos Tversky）总
结的那样："在人类做决策时，损失比收益更可怕。"

为什么它很重要

损失规避影响着我们每一个人。一项关于职业高尔夫巡回赛上 250 多万次
轻击高尔夫球的研究清晰地表明了，即使是专业的高尔夫球手，也会表现出对
损失的恐惧。研究发现，与以高于或低于标准杆数击球相比，当高尔夫球手们

以标准杆数击球时（也就是规避损失），击球要准确得多。

在商业领域，损失规避的例子随处可见：

● 许多人在股票获得收益后就会尽早地抛出，因为他们害怕损失自己已经获得的收益。
● 只有一小部分人会放弃全职工作去创业，因为与创业带来的收益相比，他们更害怕失去稳定的收入来源。
● 在买保险时，没有人会关注自己购买了保险会收获多少利。相反，他们将焦点集中于如果不购买保险就可能会失去什么。

为了减轻损失规避的影响，你需要注意自己的内在偏差以及你的同事或顾客的内在偏差。对前者而言，当你在评估任何选择时，在检查利害关系时，问问自己是否高估了潜在的损失，而低估了可能的收益。就后者而言，你要对其他人所持有的损失规避观念保持敏感度。比如，当你为其他人提供选择时，始终牢记损失规避心理将会对他们看待你所提供的选择产生影响。利用人们对损失的恐惧，把它变成对你有利的事情。

实验所带来的商业启示

损失规避会使我们对投资产生情感的依附。你持有某个投资品越久，它就越难卖出去——即使它正在使你蒙受损失。在保持情感中立的环境中，你可以创建清晰的标准，什么时候卖出投资品。当损失不断累积时，是否继续保留。

判断的潜在客户是否会使用你的产品或服务。当你提供的产品变成潜在客户日常生活的一部分时，他们能更加强烈地感受到失去的损失，并试图规避它。你是不是常常看着免费试用品，心里想着一定要在收费之前停止使用，最后却以失败而告终呢？

思考一下，如何根据损失规避的心理来设计你的广告语。你觉得对潜在客户而言，哪个听起来更有吸引力："我们能帮助你避免 10% 的人员流失"或"我们能帮助你保持员工总数稳定"？

—— 你可以对此说些什么 ——→ 101 BUSINESS IDEAS
THAT WILL CHANGE THE
WAY YOU WORK

"我们需要谨慎地为这次投资做宣传——从理论上而言，潜在的收益很高，但是投资者们会高估遭受损失的可能性。"

"损失并不是什么了不起的事情——只是有时候你必须为此付出代价，如你做了一个非常合乎情理的决策，但可能刚好不可行。"

"他并没有理性地思考自己的职业前景——我需要让他了解，他受到了损失规避心理的影响。"

实验 82
刺猬和狐狸——为什么专家说的并不一定可靠

知道太多反而会使你的预测变得不那么可靠。

关于实验

古希腊诗人阿尔齐洛科斯（Archi-lochus）曾经说过一句非常著名的话："狐狸知道很多事情，但刺猬只知道最重要的事情。"哲学家以赛亚·伯林（Isaiah Berlin）引用了这句话，将伟大的作家和思想家分为两种类型：刺猬型（如柏拉图和尼采），他们通过某个伟大的观点来认识现实，并以此为中心来感知现实中的一切；以及狐狸型（比如亚里士多德和莎士比亚），他们追求事物的不同之处，并且绝不强求圆融一统的真理。更近一点，美国加州大学伯克利分校的哲学家菲利普·泰特洛克（Philip Tetlock）运用这种类比，解释了他长达 20 年的关于"专家所做出的政治预测的准确性"的研究发现。

泰特洛克分析了 284 名专门针对政治和经济趋势进行评论并给出建议的专家所做出的 82 631 项预测。在面对诸如南非结束种族隔离性或美国军事干预海湾战争的可能性等当代问题的结论时，专家们做出的预测非常糟糕。在每个问题上，专家们都得到了三个可能的选项：维持现状；向更糟的方向发展；向好的方向发展。拿他们的预测结果与真实发生的事情相比，他们从选项中选择一个答案的准确性要比他们随机做出预测的准确性更高。他们的随机预测准确率远远低于 33%。正如俗话所说，猴子扔飞镖和人没什么差别。泰特洛克的研究还有另外一个重要的发现，即一位专家在某件事情上的专业知识越多（换句话说，就是刺猬型），他们做出的预测就越不可靠；而狐狸型专家则会表现得更好。

为什么这很重要

对于专家荒谬的预测，泰特洛克强调了三个可能的原因：第一，专家们不用为自己所做出的预测负有任何责任，如果一位重要的经济专家出现在电视上，预测了某个行业的经济增长趋势，而事实证明他的预测是错误的，也没有人会因此要他负责；第二，专家通常会过高估计事件的可能性，简单的概率理论告诉我们，两个变量同时出现的可能性（比如，西班牙的经济将继续处于衰退之中和西班牙将退出欧元区），要比只有一个变量出现的可能性更小，但是专家在预测时通常会加入细节（也就是会将变量添加到他们的预测中），使他们的预测听起来更具有权威性；第三，也和第二点相关，大众媒体总是要求具体的预测，与 Z 肯定会发生相比，X 可能会发生，但你也要考虑 Y 这种情况这样模糊预测就不是那么有吸引力了。

实验所带来的商业启示

一定要记住，当你听到一项预测时，如果预测得越详细，它就越不可能发生。当存在"似乎可信"的细节时，个体会高估事件的概率。经济学家们将著名的"琳达问题"（Linda Problem）看做是对这一现象的最好证明："琳达的年龄为 31 岁，目前单身，是一位直率聪明的女士，主修哲学。当她还是个学生的时候，她对歧视问题和社会公平问题非常关心，还参加了反对核武器示威。"琳达更有可能是：1. 一位银行职员；2. 一位积极参与女权运动的银行职员。当没有那么多变量存在之前，你更可能会选择 a，但是现在你可能会选 b，因为它听起来更加可信。简而言之，专业的经济评论员可以对未来的事情，提出一些有用的见解，但是他们的预测可能并不比你的准确——甚至比你的预测更糟。

── 你可以对此说些什么 ──→ 101 BUSINESS IDEAS
THAT WILL CHANGE THE
WAY YOU WORK

"你阅读了她最新的专栏吗？上面有她对新兴市场未来发展的预测。她的预测听起来相当有权威性，但是真正发生的几率却非常低。"

"他们是'专家'并不意味着他们就是预言家。"

"不要胡说八道。我们是真不知道。"

实验 83

为什么好运总是偏爱漂亮的人

在生活中，外表迷人的人拥有巨大的优势。

关于实验

听到说外表迷人的人拥有更大的优势时，你可能不会觉得惊奇，但是如果你了解到他们仅仅因为自己的先天条件而获得的那些好处，那你就可能会对此吃惊不已了。丹尼尔·哈默梅什（Daniel Hamermesh）是一位著名的经济学家，他发明了"美貌经济学"（pulchronomics）这一术语。他证明了，与普通人相比，那些外表迷人的人不仅收入更高，而且受到的处罚更温和，获得贷款更容易，工作效率更高，生活更快乐，他们的另一半也更漂亮，受教育程度更高。外貌对经济的影响非常巨大。一位长相极其普通的美国工人（由随机选取的人群做出的判断），在他的一生中，要比一位技术熟练程度相近但相貌英俊的工人，少赚 230 000 美元，而且这个数字是在对教育程度和其他影响因素做了调整之后得出的结果。

为什么这很重要

幸运的是，对于那些外貌普通的人而言，智慧仍旧是工作场所中最珍贵的技能。然而，2011 年《心理科学》（*Psychological Science*）杂志上的一篇论文却揭示了世界 500 强公司高效的财务业绩和他们的首席执行官（男性）脸部宽度之间存在的紧密联系。已有研究表明，脸部的宽度和高度之比（WHR）是男性野心以及吸引力的体现（比如，典型的方下巴）。换句话说，脸部越宽的男性，越可能表现出盛气凌人、野心勃勃的行为。

在商业领域，美貌偏爱的作用非常复杂。

具有相同素质或条件的个人，有时候可能会获得差别很大的工资待遇，原因只在于他们的外貌。一项针对加拿大安大略省 400 多名经济学教师所做的研究发现，学生认为外貌非常迷人的那些老师（由学生在 www.ratemyprofessors.com 投票选出），他们的收入超过 100 000 美元的可能性要比其他老师高出 6% 至 17%。

然而，对于外貌迷人的人的偏爱是否会造成商业上的不利影响，仍不是非常清晰。但研究证明，外表迷人的人工作效率更高，更受同事的喜爱，与外貌不那么吸引人的同事相比，他们的收入更高。

虽说美在观者心中，但是对于谁更迷人这个问题，人们还是达成了共识。在一项研究中，由两名不同的观察者对一群人的外貌进行评分，评分为五分制。有一半的人，他们获得的评分是相同的，两名观察者对同一个人的评价存在一分差别的情况也非常少。

一些专业学者如黛博拉·罗德（Deborah Rhode），提出减轻美貌偏爱的最好方法就是加强对外貌不出众者的法律保护——如华盛顿特区政府就颁布了法令，禁止"基于外貌"的歧视。这种观点认为，基于种族或性别的歧视是不合法的，那么基于外貌的歧视也应是不合法的。然而，到目前为止，如何在工作中处理这个问题，涉及的更多是道德，而不是法律。

实验所带来的商业启示

美貌不是一件可以轻易获得的事情，但这不是工作中唯一珍视的技能。你应强调拥有的其他技能。

推行积极歧视理念——不管是否出于潜意识，偏爱拥有美貌的人都是一件非常危险的事情，除非有明显的迹象表明这么做对眼前的工作有帮助。想想你不会因为种族或性别歧视他人。

规则之外，总有例外。对于一些人而言，美貌是上天赋予他们的财富，但未必每个人都能从中受益。因此，你可能会在意对美貌偏好的过度补偿。

── 你可以对此说些什么 ──→ 101 BUSINESS IDEAS THAT WILL CHANGE THE WAY YOU WORK

"人们喜欢和有吸引力的人一起工作。我不认为偏爱美貌是一个大问题。"

"我们自认为为员工们提供了平等的机会，但是我们是否在潜意识中因为他们的外貌而对他们区别对待呢？"

"智慧和能力依旧比外貌更重要。偏爱美貌只是另一种我们需要注意的不合理的偏爱。"

实验 84
为什么免费赠品永远比打折更吸引人

槽糕的数学可能会导致一些荒谬的选择。

关于实验

特价时间！你正在试图以最快的方式结束这次超市购物。你差不多快要完成，只需要再去拿一包早餐燕麦就好。这时，你面对着两个几乎完全相同的产品，只是它们的折

扣却有所不同：

- "超值！在原来的基础上，多加33%的燕麦——价格不变。"
- "打折！在原来价格的基础上，降价33%"

两者看起来没有什么差别，不是吗？恐怕两者之间存在着很大的差别。计算一下，你就会发现第二种价格要便宜得多。你需要获得额外50%的分量，才能达到33%的折扣。

一组来自美国迈阿密大学、明尼苏达大学以及得州农工大学的研究人员，在他们设计用来测试消费者比较折扣能力的许多实验中，都发现了这样的运算错误。他们的研究不仅显示了消费者无法有效地评估折扣的能力，而且与价格折扣相比，消费者还表现出对"附赠商品"的偏好。研究人员曾在一个大城市的一家小零售商店进行了实验。实验发现，与提供相同的价格折扣相比，在为消费者提供附赠商品时，护手霜多售出了73%——这是在控制了其他所有因素之后得出的结果。

为什么这很重要

研究者假设，如此简单但却常见的数学运算错误是人类对"单价忽略"（base value neglect）这种固有倾向的一部分。越来越多的证据证明了这种假设，面对百分比形式的折扣，消费者在换算时会有困难，因为他们努力将百分比变化与"单价"重新联系起来。鉴于百分比在销售、市场营销和促销方面被广泛应用，了解它们对消费者产生的真正影响是非常有用的。

实验所带来的商业启示

如果你想要有效地促销，那么为消费者提供免费赠品，而不要为他们提供价格折扣。与"在原始价格基础上，降价3%"相比，"附赠商品"（商品附赠最多50%分量）更可能刺激消费。简而言之，尽可能使折扣保持简单易懂。

然而，单价忽略的影响不应该仅仅局限于销售和营销领域。正如研究者指出的那样，公共政策在其他各行各业中也会受到单价忽略的影响。他们假设："政府如果告知大众的是能源效率的提高，而不是能源消费的降低，比如，每加仑汽油能跑的里程数增加了50%，而不是汽油消耗量减少了33%，那么他们就能够促进绿色产品使用的大力推广。"

── 你可以对此说些什么 ──→ 101 BUSINESS IDEAS
THAT WILL CHANGE THE
WAY YOU WORK

"我无法按照你的提议，给予你想要的5%折扣，但是我们可以为你提供五天免费的咨询服务。"

"仔细算一下吧——这个折扣可能并没有听起来的那么好。"

"永远不要提供百分比的折扣。"

实验 85

为什么为顾客提供的选择越少，越能带来销售的增加

使顾客能够非常简单地购买到你的商品，这可能是赢得更多顾客的关键所在。

关于实验

2000年，心理学家希娜·亚格尔（Sheena

Lyengar）和马克·莱珀（Mark Lepper）进行了一项关于果酱和选择的研究实验，现在这项研究被经常被引用。在美国加利福尼亚州的一家奢侈品食品商店中，研究人员们摆出了一张展示桌，上面放着各种各样果酱样品，供顾客品尝。在一次实验中，展台上只放了 6 种不同口味的果酱；而在另一项实验中，站台上摆放了 24 种不同的果酱。在试吃了果酱后，潜在的顾客获得了一张优惠券，这样在购买果酱能够享受一定的折扣。与传统的选择理论一样，与只有六种果酱的展示台相比，摆放着 24 种果酱的展示台吸引了大部分的顾客。然而，令人惊奇的是，陈列较少果酱的展示台出售了更多的果酱。站在六种果酱展示台的顾客中，有 30% 的试吃者用他们手中的折扣券购买了果酱。而在 24 种果酱展示台前试吃的顾客中，只有 3% 的人最终购买了果酱。似乎，太多的选择反而会导致销售量的减少。

为什么这很重要

一些心理学家将这种似是而非的现象称作"选择过度"（choice overload）。他们认为过多的选择导致了购买的减少，消费者满意度的降低以及消费者对于某件特定物品偏好度的下降。这些发现被许多不同的既得利益集团所利用——如心理学家巴里·施瓦茨（Barry Schwartz）谴责现代消费者社会为消费者提供了过多的选择。美国食品营销协会（Food Marketing Institute）所做的一项研究也支持了施瓦茨的这一观点，研究发现在 2010 年美国超级市场陈列的商品接近 5 万种——是 1975 年商品数目的五倍。公司执行委员会（The Corporate Executive Board）进行的消费者调查也反映了"决定简单化"（decision simplicity）的原则，即消费者能够轻松地收集到他们所选物品的可靠信息并评估他们的选择，在将潜在的顾客转变为真正的购买者这一过程中，起到了至关重要的作用。因此，一系列强有力的证据证明了，为消费者提供过多的选择，从某种程度上会阻止顾客的购买行为。但是关于它的确切影响还有待商榷。比如，对于"简单就是最好的"这条宣传语也不是没有得到批评。2010 年《消费者研究》（*Consumer Research*）杂志上一篇元数据分析的文章中，分析了 50 多个关于"选择过度"的实验，没有发现过多的选择和消费者焦虑的增强有着明显的关联。

实验所带来的商业启示

不要使潜在的顾客选择过度。不管过多的选择是否会导致消极的消费者情绪，几乎没有证据显示过多的选择会带来积极的消费情绪。鉴于为消费者提供许多选择往往会给生产者增加更多的成本（比如，考虑一下规模经济的基本原则），将精力集中于一些选择而不是过多的选择，更加合情合理。

让消费者很容易地比较商品。对于他们想要购买的商品，消费者都希望能够很容易地获得可靠的信息，以便自己做出明智的选择。在许多超市中，都为此提供了"价格对比"，让消费者能很方便地比较该超市与其他竞争对手之间的价格。这种策略使消费者能够迅速地对各个超市的价格进行比较。这里的重点是，要确保你提供的信息都是可靠的，而不是具有误导性的。如果哪个公司不诚信，那么消费者很快就会转向其他公司。

你可以对此说些什么 ⟶ 101 BUSINESS IDEAS THAT WILL CHANGE THE WAY YOU WORK

"我们真的需要提供 87 000 种不同口味的咖啡吗？"

"我们问过消费者，他们真正想要的是什么吗？"

"消费者想要拿我们的服务与其他公司的服务作比较——让我们尽自己所能，让他们能方便地进行比较。"

实验 86
为什么人们偏好用已知的事情做参照

来自外部的建议会对我们如何理
解周围的世界产生非常巨大的影响。

关于实验

下一次你有空时，用以下的实验
测试一下两组不同的同事。

- 实验 1：猜测（但不要计算）以下数字相乘的结果：$1 \times 2 \times 3 \times 4 \times 5 \times 6 \times 7 \times 8$
- 实验 2：猜测（但不要计算）以下数字相乘的结果：$8 \times 7 \times 6 \times 5 \times 4 \times 3 \times 2 \times 1$

注意到人们对两个问题回答存在的不同点了吗？当阿莫斯·特沃斯基（Amos Traversky）和丹尼尔·卡尼曼向两个不同的小组提出这些问题后，人们对实验 1 的平均预测为 512；对于实验 2 的平均预测为 2 250（正确答案是 40 320）。很明显，从数学的角度来说，这两个问题的答案是完全相同的，那么为什么人们做出的预测会存在这么大的区别呢？答案就在于一个被称作"锚定效应"（anchoring effect）的概念。锚定效应是指我们最近获得的信息过度地影响了我们所做出的评估，而且如果我们获取的信息具有特定的逻辑顺序时，我们通常会被第一条信息所影响。比如，在以上的实验中，是"1"先出现还是"8"先出现，会影响人们的答案靠近较小的结果预测还是较大的结果预测。先出现的那个数字就成为了特定范围内的锚点。

为什么这很重要

在各行各业中，我们都可以看到锚定效应的无处不在。房子的价格或汽车的价格到底是太高了还是太低了，认为自己现在拥有的工作到底是幸运还是不幸，这都取决于我们如何使用自己了解的相关因素来定位基点。再举一个例子，在一项实验中，学生们被邀请参加他们的一位教授举办的 15 分钟诗歌赏析课程。一半的学生被告知，参加这个课程他们需要支付 2 美元；而另一半学生被告知，如果他们参加这个课程，就可以获得 2 美元——换句话说，这里运用两种截然不同的"参照"。然后，学生们又被告知，事实上参加这一课程是免费的。令人难以置信的是，当学生们被问及他们是否仍旧愿意参加这一课程时——这次课程是免费的，那些最开始被告知参加这一课程可以获得 2 美元的学生，只有 8% 的人仍旧愿意参加；而最初认为参加这一课程需要支付 2 美元的学生，有 35% 的人愿意参加。学生们是否愿意参加这次诗歌赏析课程，受到了他们第一次是要支付或是获得报酬的影响（或者可以说是受到"参照物"的影响）。

实验所带来的商业启示

意识到这种锚定效应，可以帮助你在商业领域开辟一个全新的世界，带来无限机遇。你把一个产品放在货架的哪个地方，你如何对一个商品进行打折，或者你如何评估一位员工的表现，所有这一切都会受到锚定效应的巨大影响。

克服锚定效应的一个小方法就是，当你被问及对一个特定事件的评价时，考虑一下"事实上，我的评价是根据什么做出的？"在大多数时候，我们的评价（不论是有意识地或无意识地）是基于参照水平和相关的比较后做出的。比如，你对一位同事的评分有多高，往往取决于你如何把这位同事和你自己或其他同事作比较——这些都会形成你的"参照标准"。质问自己，这些参照标准是有帮助的吗，还是会容易使你产生偏见。要进一步地认识这些偏见可能产生的影响。

然而，要真正地克服锚定效应是特别困难的事情。从表面看来，当我们在谈判薪资的时候，我们甚至受到了锚定效应的摆布。那些在谈判刚开始的时候，讲了一个关于要求高薪笑话的人，与那些没有使用俏皮话进行沟通的相比，他们所获得的薪资高出 10%。

—— 你可以对此说些什么 ——→ 101 BUSINESS IDEAS
THAT WILL CHANGE THE
WAY YOU WORK

"我在拿什么跟这件事作比较呢？我的参照标准是什么？"

"当我们在面试候选人的时候，我们一定要注意，有没有用前面的候选人或第一位候选人作为评估的参照标准。这应该是一个公正的程序。"

"与这一页上其他的选择相比，这项投资看起来有非常大的价值。但是，使用这些作为参照标准，真的是明智的吗？"

实验 87
为什么同辈压力能规范人们的行为

使大家保持一致的小窍门：赶上其他人

关于实验

你如何让别人改变他们的行为？

同辈压力理论是凯斯·桑斯坦（Cass Sunstein）倡导的"助推理论"（nudge theory）的一个分支，常常被证明是让个体表现得不一样的强大工具。这种观念的接受程度如此之高，以至于英国政府和美国政府都已经开始采用了其中的一些技巧，力求使公民的环保意识更强。许多备受瞩目的研究都证明了这个理论所带来的好处，因此掀起了运用它制定相关政策的热潮。一份文件中曾提到，两个田野实验显示了在旅馆客房张贴标志，这一行为旨在鼓励房客再利用毛巾产生的影响。在控制组，他们看到的标志是"向大自然表示敬意……再利用你的毛巾"；而实验组看到的则是另一个标志"加入广大住客的行列，为保护环境贡献自己的力量……75%的住客会再利用他们的毛巾"。在第二种情形下，当他们面对强烈的同辈压力时，住客们再利用毛巾的概率要高出25%。第二项田野研究发现，当旅馆的标志语与住客的经历明显地联系在一起时，住客积极的行为变化得更加明显。"在这间房号为××的房间住过的75%的住客，通过多次使用它们的毛巾，加入到了我们新的资源节约项目"。在许多与能源、卫生相关的环境或国家，包括中国和印度，都报道了很多因为面临同辈压力而做出积极反应的事例。

为什么这很重要

下一次你去超市的时候，想一下自己带上一个环保袋是多么容易的事情。几年前，超市不会询问顾客任何问题，就会为他们提供免费的塑料袋。现在，越来越多的超市，不再向顾客提供塑料袋，通过这种方式，超市温和地鼓励着他们的顾客，倡导更环保的行为。通常你需要在和你一样的购物者面前，向超市的工作人员索要塑料袋所引起的同辈压力会促使你带上自己的环保购物袋，或者付钱买购物袋。因此，研究发现在采用这种方法的商店里面，超市购物袋的使用率明显下降。在其他很多环境中，我们也可以积极地利用同辈压力的强大作用。

实验所带来的商业启示

如果你正尝试着让你的团队或你的顾客改变行为，那么选出行为不同的人，强调他们的行为和大多数人有着多大的差别，为他们提供保持一致性的强大动力。

一定要注意所谓的"反向作用"（boomerang effect）。这是指那先已经表现出"超出平均水平"的良好行为的人停止了他们的行为，因为他们过去的行为是由于对他们的同辈的忽视。比如，与他们的邻居相比，一些家庭的能源消耗量要更低，在一些研究中发现，这些家庭一旦被告知了这一事实，反而会增加他们的能源消耗量。

然而，总的来说，两种方法可以缓和"反向作用"的发生：第一种方法是通过强迫最糟糕的冒犯者改善他们的行为所产生的积极作用，总的来说，可以抵消反向作用；第二种方法是对信息进行修改，这样，那些表现超出平均水平的具有良好行为的人就不会知道事实，也就不会受到同辈压力的消极影响了。

── 你可以对此说些什么 ──→ 101 BUSINESS IDEAS
THAT WILL CHANGE THE
WAY YOU WORK

"从现在开始，我们要求你每三分钟填一次考勤表。我知道这或许听起来有些过分，但是 85% 的律师已经在这么做了。"

"每完成一个项目，就写一份个案研究摘要。你的前辈过去一直把这项工作做得非常好。"

"让我们利用同辈压力，推动人们采取行动——但是首先我们要考虑到任何潜在的'反向作用'。"

实验 88
相信因果报应的好处是什么

当我们期盼着不可控的好事发生时，我们会对其他人更加慷慨。

关于实验

来自美国弗吉尼亚大学和芝加哥布斯商学院的研究人员在四项不同的研究中，成功地展示了当人们面对不受自己控制的重要事情的结果时，他们会如何"投资因果报应"（invest in karma）。不管他们是否相信宗教或超自然现象，他们都一致地表现出愿意相信这种观点，即通过帮助其他人，世界一定会因为他们的辛勤劳动而以某种方式积极地帮助他们。

在第一个实验中，95 位参与者准备好对正在等待的不可控结果进行思考，比如医学检查结果或法庭案件的审判，而另一组的参与者被鼓励对日常琐事进行思考。与思考日常事务的参与者相比，很明显，那些思考不可控结果的参与者更有可能志愿花费更多的时间投身于慈善事业。

在第二个实验中，与那些思考日常事务（比如吃比萨还是吃汉堡的）参与者相比，思考不可控结果的参与者向慈善机构捐助了更多的资金。

在第三个"现实世界"的实验中，研究人员对招聘会的出席者做了调查。其中，一个小组被鼓励思考他们无法控制的就业因素（比如，经济状况），而第二组被鼓励对他们可以控制的因素进行思考（比如，行业知识）。在他们可能中 100 美元彩票奖金的情况下，第一组人比第二组更愿意捐出更多的钱。

在第四个实验中，因果调查被颠倒了但是也得出了相似的结论。在这个实验中，327 名招聘会出席者被要求参与了和第三个实验一样的调查。研究人员告诉一半的参与者如果他们参与调查，就可能为慈善事业募集 50 美元的善款，而另一半人没有被告知。那些对工作前景中不受控制的因素进行思考的人，同时也是被告知为慈善事业募集资金的人，当再度被问及他们对工作前景的态度时，他们是持最积极态度的小组——做了好事使他们更加乐观。用研究人员的话来说，那些人表现出对"因果报应投资"（karmic investment）的信仰。

为什么这很重要

"因果报应投资"理论向我们讲述了人类心理中一些非常吸引人的事情：当我们需要帮助或处于转折点的时候，我们最愿意慷慨地付出，这么做可以让我们对前景更加乐观。这对于企业文化具有非常重要的意义。从事具有大量不确定性工作的公司（在近几十年以来，制造业成了一个最好的例子）员工可能会在工作中承受很大的压力，鼓励员工互相帮助或奉献时间投身慈善事业，也许能帮助员工缓解压力。因此，创建一个互帮互助的工作环境吧。

实验所带来的商业启示

慈善事业开始于任何地方。我们时常会面临着巨大的压力，特别是当我们感觉事情不受自己控制的时候。虽然没有明显证据显示帮助其他人或者向慈善机构捐款可以改善事件的最终结果，但是对"因果报应投资"的研究显示，这么做可以让我们对无法掌控的事情感觉更好，能够让我们对未来持有更乐观的态度。因此，如果你希望自己对正在担忧的事情持有更积极的态度，那么考虑帮助自己的朋友或投身慈善事业吧。

"当我们说'我不想蔑视命运'的时候，我们正在表现出自己相信因果报应，或者如哲学家所说的'内在正义'。"

"这件事对我造成了很大的压力，但是我对此无能为力。帮助那些需要帮助的人可以让我分散注意力，不去考虑这件事，这让我感觉更好。"

"帮助他人不仅对获得帮助的人有好处——对我们自己也有好处。"

实验 89
什么时候顾客会忍受无礼的服务

在以电话为基础的服务行业中，顾客也许为了获得想要的信息而愿意牺牲礼貌。

关于实验

杜洛娜（Lorna Doucet）教授对美国东部的一家大型零售银行的 142 个客户服务电话进行了分析，用以了解电话业务员的无礼服务将如何影响消费者对所接受服务的质量评价。在这项研究中，一组研究人员收听了电话，在四十八小时之后又对这些顾客进行了回访调查。杜洛娜在这项研究中获得了一些令人吃惊的发现：

只要顾客能够获得他们想要的结果（比如，从电话业务员方面获得相应的信息或举措），那么顾客通常会忽视电话业务员的无礼行为。在杜洛娜和她的研究人员进行调查的过程中，电话业务员无礼的服务几乎不会对顾客的服务质量评分产生显著的影响。

如果顾客没有得到他们所寻求的结果，电话业务员的行为和语调似乎真的会对服务质量评估产生影响。这时，业务员的任何无礼行为都会对客户的评分产生负面的影响。相反，如果业务员没有办法帮到顾客，但是表现得非常有礼貌并急于向顾客认错，顾客也会作出积极的回应，也倾向于对服务质量打高分。

与那些相对友好的业务员相比，那些在电话中听起来充满敌意非常无礼的业务员往往工作时间更长。杜洛娜指出，这可能是由于电话中心充斥的压力导致业务员精力耗尽所造成的结果。

为什么这很重要

对于许多服务供应商而言，与顾客面对面沟通的机会减少了，电话中心已经迅速成为企业和顾客进行交流的一个平台。因此，公司应该付出巨大的努力，去理解顾客打电话给他们的时候真正想要的是什么。杜洛娜的研究不仅揭示了不同的顾客对礼貌的重视程度存在着差异，而且在很多时候，与顾客想要获取的信息相比，电话业务员礼貌处于次要的地位。公司对电话业务员的许多培训都专注于提供"良好的客户服务"以及礼貌地对待顾客，但是事实上，这些远远没有有效地为顾客提供服务重要。也许，对电话业务员的培训应该更加关注能力，而非礼貌。

实验所带来的商业启示

在研究中，杜洛娜指出这些发现可以从三个方面来帮助管理者们更有针对性地去完成以下工作。

首先，提高最差的业务员的能力。可能只有当电话业务员的业务能力非常差的时候，经理才需要专注于员工对待客户态度的培训。换句话说，如果电话业务员没有办法帮到顾客，那么对顾客有礼貌并表现出抱歉的态度变得尤其重要。

按照顾客的需求，对顾客进行分类。杜洛娜指出"不同的顾客，对服务交互的重视程度有所不同"。明智地将顾客分为重视高质量服务交互的顾客（比如，让特别有礼貌的电话业务员接听电话）以及偏爱速度和效率的顾客，电话服务中心应该具备将顾客分配给最合适的电话业务员的能力。

不断提升员工技能。研究发现，那些工作时间较长的电话业务员对顾客表现出敌意态度最为明显，这一发现指出对于那些已经在电话服务中心工作了一段时间的电话业务员而言，再培训或者集中的管理监督是必不可少的。

—— 你可以对此说些什么 ——→ 101 BUSINESS IDEAS
THAT WILL CHANGE THE
WAY YOU WORK

"两年之后，这里的每个人都会在顾客电话处理方面重新接受培训课程。"

"在通话中，我们可以成为最友善、最有礼貌的人，但是我们不能忽视这个事实，我们的最终目的是为了给人们提供帮助。"

"如果你真的没有办法帮助顾客，那么你至少要做到友善地对待顾客并向他们表示歉意。"

实验 90

为什么与长期利益相比，人们更偏好短期利益

随着时间的变化，我们如何评价曾经的决定？

关于实验

首先，让我们考虑以下情形：你是希望现在获得十英镑，还是一年之后获得十二英镑？接下来再考虑下面的事情：明天你有一个非常重要的工作演讲，你对此感到很紧张，你非常愿意推迟这场演讲，但如果是在一个月之前当你被问及是否愿意推迟演讲时，你的回答是不。在我们如何做出决定这一方面，以上两种场景都是非常常见的奇怪现象。第一个例子详细地阐明了跨期选择（intertemporal choice）的问题——在不同的时间点，我们究竟如何评价某件事情。第二个例子涵盖了时间不一致性（time inconsistency）的内容——随着时间的变化，我们对某一个特定决定的偏好会发生怎样的变化。这两个话题对我们如何工作和如何生活都具有非常重要的意义。

为什么这很重要

对未来做出决定是我们一直要去做的事情，然而我们却始终不善于做好这件事情。你是否经常选择吃汉堡而不是吃沙拉？你是否经常待在家里看电视而

不愿在寒冷的天气出去跑步？简而言之，我们偏向于青睐短期的奖励而非长期的收获。在一项惊人的调查中，400名首席财务官接受了调查，他们中五分之四的人声称，他们会降低目前的市场营销费用和产品开发支出，即使这会危害长期的业绩。从核磁共振成像中，我们了解大脑的不同部分以不同的方式处理着与时间相关的决定，在大多数情况下，错误地偏向于短期决定的那部分大脑（大脑边缘系统）会获得胜利。因此，我们常常会做出更加重视眼前利益而不重视长远利益的糟糕决定。

实验所带来的商业启示

传统的经济学家通常会通过贴现效用模型（discounted utility models）来解释平衡短期利益和长期利益的困难之处。比如，在金融领域，许多投资都建立在净现值（net present value calculation）计算上，即试图从长期的经济价值来评估一种投资选择。站在时间的角度来看，这种方法太过复杂而无法用到日常生活中去，我们需要做出的许多决定（比如，"我应该现在就买一台新的电视机，还是再等一年，等它便宜之后再买呢？"），仍旧无法通过这种方法来简单地解决（比如，你如何计算花钱购买一台电视机的内部收益率）。在希望克服这种偏向时，我们能做的最好事情就是意识到这种偏向的存在。

下一次，当你面对着一个长期和短期的取舍时，一定要记住你会倾向于短期的那一个。问问自己为什么样这么做，确保在你的论证中，你的逻辑能够站得住脚。如果站不住脚，那么你也许需要改变你的决定。

你可以对此说些什么 ⟶ 101 BUSINESS IDEAS THAT WILL CHANGE THE WAY YOU WORK

"我们为消费者提供的每一个选择都应该关注于为他们提供的短期收益。与长期的利益相比，他们更偏好短期利益。"

"就目前而言，这也许是正确的答案，但是我们应该考虑一年之后，这还是不是正确的选择。"

"牺牲短期利益，获得长期利益。"

实验 91
顾客如何评估众多的服务与产品

当顾客很难去评价不同的服务时，他们会关注独特之处。

关于实验

在不同的服务供应商之间，顾客如何进行选择？根据来自于中国对外经济贸易大学、澳大利亚昆士兰大学和美国凯洛格管理学院的研究人员的观点，不确定性在评估的过程中扮演着至关重要的角色。一些服务可以在真实的体验中进行评估。比如，购买汽车。这些服务的不确定性程度要比外科手术服务低得多。因为在外科手术中，你不可能（也不可行）提前体验一下服务。

与不确定性低的服务不同，对于不确定性高的服务（通常来说，风险性也更高），顾客往往将他们对供应商的评估首先建立在公司的声誉上，其次，建立在所提供的服务的独特性上。研究发现当顾客努力地去对不同的服务供应商进行评价时，他们会依赖于对公司品牌的信任，这可能不足为奇。但是，研究中发现的第二种评价模式——独到之处，可能更具有启发性。

为什么这很重要

哈佛大学学者迈克尔·波特（Michael Porter）提出了三种基本战略，企业可以运用这些战略在市场上获得竞争优势。这三种战略包括：成本领先（比如，拥有最低的价格）；差异化（比如，提供一项独特的服务）；以及专一化（比如，掌控一个利基市场）。这项研究中获得的发现可以为波特的竞争力模型提供新的见解：对于不确定性高的服务（比如，那些很难评估、较难感触或者顾客很少获得的），差异性可能是可以运用的最关键的策略。顾客也许会对独特的服务作出更积极的反应，独特性有助于服务供应商在其他众多竞争对手中脱颖而出。

实验所带来的商业启示

这项研究的实施者指出，他们的发现对于不确定性高的服务供应商和不确定性低的供应商都具有很大的意义。

不确定性低的服务供应商，比如，零售银行应该专注于改善自己的服务，让消费者能够容易地将它和其他的竞争者进行比较。比如，营业时间更长或者提供更多具有竞争力的利息。

不确定性高的服务供应商，比如，保险公司提供的服务应该将战略集中在创建具有创新的、独特的特色服务上。比如个性化的咨询。

你可以对此说些什么 ⟶

"我们提供了什么独特的服务，是其他人无法提供的？"

"我们独特的服务是顾客真正重视的东西吗？"

"我们应该让潜在顾客更容易地将我们的产品和竞争对手的产品进行

比较，这样他们就能够意识到我们提供的产品是最好的。"

101

BUSINESS IDEAS THAT WILL CHANGE THE WAY YOU WORK

第11章
关于商务沟通的实验

实验 92
为什么人们在邮件中更容易撒谎

一定要小心！与其他通信方式相比，人们更有可能在邮件中撒谎。

关于实验

来自美国德保罗大学、罗格斯大学和利哈伊大学的研究者进行了一项研究，研究发现与其他书写通信方式相比，人们更有可能在邮件中撒谎，而且即使这么做了，他们也会觉得情有可原。在一项实验中，48 位参与者参加了一个被称作"独裁者"的讨价还价的博弈游戏。A 组的成员被告知他们拥有的 89 美元要和第二组即 B 组分享，但是他们永远也不会和 B 组见面，不管他们给 B 组多少钱，B 组必须接受。实验人员只告诉 B 组的成员，他们能分享到的数额在 5 美元到 100 美元之间。一切都由 A 组决定，决定如何和 B 组分享这 89 美元，决定告诉 B 组他们分享的金钱总额为多少。A 组又被分成两个小组，一个小组将使用邮件作为通信工具，而另一个小组则使用手写书信。

在邮件小组中，92% 的成员在告知 B 组金钱总额时撒了谎，而在手写信件通讯组中，只有 64% 的人说了谎，因此邮件组说谎的几率要高出 50%。不仅如此，与另一组相比，邮件组认为他们的做法更情有可原。当两组的成员被问及："如果你们向接受者误传了金钱总额，你们是否觉得合理呢？"（用 1 到 7 分来衡量，7 分为非常合理，1 分为完全不合理）。在 7 分制的合理评分尺度上，邮件组的平均分数为 4.8 分，而手写信件组的平均分数为 3.9 分。除此之外，其他的研究也支持了这一发现，与面对面的沟通相比，人们在使用电子媒体进行沟通时更有可能说谎。同时，其他研究还发现在使用社交媒体时，人们发送冒犯性信息（或进行假饵拖钓）的几率也更大。

为什么这很重要

　　世界因为邮件而疯狂。每一秒，全球邮件的发送数量为三百万封。我们的收件箱被邮件淹没，而且每收到一封邮件，便会通过我们的智能手机提醒我们一次。立即回复邮件所带来的压力是巨大的。根据推测，邮件使用率的提高是基于这样一种信念，即邮件能更有效率地促进人与人之间的沟通，可是真的是这样吗？可能你已经在这个事情上面形成了坚定的观念，但是研究发现与其他通信方式相比，人们更有可能在邮件中说谎的这一事实，是值得你深入思考的。

　　令人高兴的是，另外一项研究表明当人们在邮件中说谎时，我们是有可能分辨出来的。美国康奈尔大学的杰弗里·汉考克（Jeffery Hancock）等人做了多项研究，他们发现掩盖事实的邮件"包含更多的词语，更多的感官词（比如，看见、触摸），自我导向性的名词使用得更少（比如，我），他人导向性的名词使用得更多（比如，你）"。一定要注意这些泄露秘密的信号。

实验所带来的商业启示

　　在你按下发送键之前，回想一下自己发送这封邮件的目的。你为什么要发送邮件，而不是打个电话呢？你是在试图回避对峙，还是纯粹是因为会面不是很方便呢？可能你正在试图说一个"善意的谎言"。在商业领域，信任是一个至关重要的因素。你真的想要破坏信任，并试图用邮件来达到这个目的吗？

　　审视谎言的信号。如果你收到的那封邮件让你想到："为什么要在邮件里面说这件事情呢？"，那请仔细地阅读邮件文本。它是不是看起来太长或太过情绪化了呢？发送人在用"我"这个词时是不是在挣扎？你可能正在读着一连串的谎言。

充分地利用书面标记。当通过简单的实验可以检查他们说的话是否真实时，他们仍然在说谎，这似乎有点违反常理。但是我要再次提醒你，人类并不总是"理性的"。如果你对任何疑点存有疑虑，那么做个记号。如果恰当，看一看这个故事是否通过了检验。

—— 你可以对此说些什么 ——→ 101 BUSINESS IDEAS
THAT WILL CHANGE THE
WAY YOU WORK

"他们为什么不当面跟我说这件事情，而在邮件里说呢？"

"我不是很相信这封邮件里面说的事情，所以我给它做了个记号，这样以后我就可以检查一下它的真实性了。"

"当一个简短的电话就足够时，我想我们不要使用邮件。"

实验 93
重点不在于你说了什么，而在于你怎么说

俗话说，听话要听音。

关于实验

通常来说，虚词只占一般说话者词汇的 0.5% 左右，但它们却表达了我们所说的一半以上的内容。根据美国得克萨斯大学心理学教授詹姆斯·帕尼贝克（James Pennebaker）的观点，这

些极少数的虚词可以让人们最深入地了解某个人的性格，比如，他们有多自信，他们所说的话就有多可信。在过去的二十年里，在计算机模型的帮助下，帕尼贝克分析了 40 多万个文本，其中包括私人对话、情书、诗歌、鸟叫声、博客，甚至是创伤性经历的受害者所写的日记。通过分析这些文本，帕尼贝克可以准确地指出泄露秘密的证据，他之所以能指出这些证据，是因为我们所使用的修辞背叛了我们。

为什么这很重要

帕尼贝克的研究指出了人类思维状态里两条极具吸引力的暗示：第一条暗示与说谎有关。在这点上，他的研究发现了当人们频繁地使用代词"我们"，或使用简单的、确定的陈述时（如，很明显我们从来没有……），这通常是逃避的表现；在第二条线索中，帕尼贝克指出代词"我"的使用非常重要（比如，我认为……），但又往往会以意想不到的方式使用。我们常常将持续使用"我"看做是傲慢的表现——比如，在奥萨马·本·拉登被击毙后，美国总统奥巴马所做的演讲中就持续地使用"我"这一代词，这被许多政治评论家解读为是傲慢的表现。然而，帕尼贝克认为频繁地使用"我"在多数情况下却是一种缺乏自信的表现。思考下面的句子，这是你可能会对团队中的成员说的话："我认为你的分析中可能包含了一些错误"或是"这里存在一些错误"。从很大程度上来说，这两句话所表达的是同一个意思，但是潜在的意思却很明显：前面的这句话暗含了些许的没有把握和不确定，然而后面一句话却潜在地表达了自信和确定。

实验所带来的商业启示

对任何一位经理人员和领导来说，自信都是非常重要的。即使是他们没有直接监督或直接参与的项目或预算，其他人也希望他们能对此负责。经理和领导们偶尔要和股东或同事玩个把戏，当他们对于某件事情一无所知时，也要装作自己对各种细节了如指掌，那么帕尼贝克的研究能够起到什么作用呢？你要重点分析你自己所使用的语言，然后去除任何不必要的"我"字，如：在按下发送键之前，再次检查一下你的邮件；自己在讲话的同时听一听自己说了些什么，甚至在自己发表演讲前，将自己的说话内容进行录音。通过这些方法，你可以检查一下你使用"我认为"或"我觉得"的比例有多少。

以常规使用者在一段话中使用"我"字的比例是整段话的4%为参照基准，典型的"过度使用者"使用"我"字的比例占整段话的6.5%。你使用"我"字的比例靠近哪个数值？如果你是一位"使用过度"者，那么为什么会产生这种结果呢？你可以对此做些什么呢？

—— 你可以对此说些什么 ——→ 101 BUSINESS IDEAS
THAT WILL CHANGE THE
WAY YOU WORK

"这并不是'我认为这样或那样'的事情——这就是事实。"

"让我给你提供一些反馈意见：你必须要注意自己使用介词的频率。过度使用'我'让你听上去不那么确定。"

"在你发送邮件之前，仔细地分析一下——它们所透露的信息可能比你认为的要多得多。"

实验 94
发挥未来的作用

与已经犯过的错误行为相比，对于未来可能发生的违反道德的行为（还没有发生的事情），人们所做出的评价更加糟糕。

关于实验

来自芝加哥大学布斯商学院行为科学的副教授尤金·卡鲁索（Eugene Caruso），对七项不同的研究进行了分析。在这些研究中，参与者们如果发现一种可能发生的违反道德行为，那么他们对这一行为的判断会更偏颇，而且这一行为将会给他们带来更多的负面情绪。在其中的一项研究中，哈佛大学的 1 600 名学生面对着以下事件：一家非常知名的软饮料制造商正在开发一种自动贩售机（位于一个很远的州），在这种自动售贩机上出售饮料的价格将会随着外部气温的上升而上升。比如，凉爽的天气时，售价为 1 美元；炎热的天气时，售价为 3.5 美元。差不多一半的学生被告知这种机器已经在上个月安装完毕了（A 组）；而其他人则被告知这种机器将在一个月内安装（B 组）。从数据上来看，与那些认为价格在过去已经被操纵的人相比（A 组），认为在未来价格将会根据天气变化而变化的那些人，对于这一行为的评判更加不公正，这一行为也给商家带来了更多的负面的影响。

为什么这很重要

丹尼尔·卡尼曼以及其他人的研究显示，根据气候变化而调整价格的行为会被消费者看不起。然而，卡鲁索的研究指出，这种带有争议性的行为在什么时候发生会产生很重要的作用。这可能会产生重要的道德、法律和商业意义。比如，这是不是意味着，与已经发生的事情相比，潜在的诈骗犯应该受到更严厉的惩罚？在工作场所，如果你是一位老板，那么他会对你的行为一致性产生什么影响？与那些已经犯了过错的员工相比，对于那些可能会犯下错误行为的员工，是不是要更加严厉地惩罚他们呢？

实验所带来的商业启示

发挥未来的作用。与过去的活动相比，考虑未来的活动时人们的情绪会有明显变化。这一发现指出，"发挥未来的作用"也许是影响他人的一种强有力的方式。比如，当你试图向他人解释一种新的工作方式时，激发人们对未来的憧憬也许会比停留在过去的问题上产生更大的影响力。

在做评判时，要保持一致。在他们的职业生涯中，所有的经理和领导都面临着艰难的绩效考评；其中一些人也许会面对许多这样的事情。当你在考虑一个与纪律相关的事件时，回想一下，你是在哪个阶段抓到他的——在违反纪律之前还是之后？思考一下，卡鲁索的研究也许会对你评判这些行为的严重性方面产生一些影响。

现在就行动，以后再问问题。狡猾的读者也许会将这种心理的洞察力看作是一种机会。如果你面对这个棘手的问题，你也许会发现，继续这一决定以后再思考后果也许会更好。借助事后认识，人们也许会更加善意地看待你的行为。

"与他们已经谎称病假而我当时对此一无所知相比，他们正在计划谎称病假并没有使事态变得更严重。"

"不要将精力放在过去，人们会对未来感到无比兴奋。"

"尽管去做。以后我们总是能找到借口来合理化这一行为。"

实验 95

社交网络如何实现知识共享

社会纽带对企业内部的知识共享产生了怎样的影响。

关于实验

你和你的同事有多亲近？社交网络中人与人之间的关系要么以稳固的社会关系为特征，要么以脆弱的社会关系为特征。1973 年，社会学家马克·格兰诺维特（Mark Granovetter）提出了这一观点，即一种关系的稳固或脆弱取决于用于交流互动的时间、情感强度、亲密程度以及表现人与人关系的相互服务。在格兰诺维特进行研究之前，就有学者们认为稳固的社会关系总是会给组织机构带来好处，有利于提高团队的士气，促进小组之间的协调、创新和知识共享。格兰诺维特指出，虽然稳固的关系能够鼓励个人与自己周围的人共享知识和信息，但是对于那些处于稳固的社会关系之外的人却会产生害处，他们通常会被忽视，其他人也不会和他们共享信息。

为什么这很重要

默腾·汉森（Morten Hansen）在《管理科学季刊》（*Administrative Science Quarterly*）上发表的一篇论文中，分析了在一家大型的电子公司内部，社会网络关系、知识共享和产品研发这三者之间的关系。汉森的论文基于在格兰诺维特的研究之上，并在结论中增加了一个重要的观点，即社交网络关系强度究竟是否能够产生积极的作用，主要取决于所要传递的消息的复杂性。因此，汉森认为，如果所要传递的消息相当简单（比如，"我要怎么记录我的费用开支？"），那么脆弱的关系是最有效的。这是因为在脆弱的关系中，信息的获得者通常得到的都是新的信息，因此在团队中所传递的信息就不是冗余的，也就是有用的。相比之下，在稳固的关系中，团队成员通常会向他们非常熟悉的人询问他们已经了解的信息。然而，如果所寻求的知识传递起来非常复杂（比如，"我该如何创建宏，把所有的表格合并在一起？"），那么问题就会出现了，因为社会关系脆弱的企业通常在信息解码方面比较差，从而导致共享信息也变得更为困难。换句话说，稳固的关系通常有良好的知识解码能力，能使共享信息变得更为容易。

实验所带来的商业启示

使用内部维基还是坚持使用电子邮件？是通过繁琐的文件和版本控制还是把东西储存在你的收件箱里？亲自出席每周小组例会还是每季度手写的进展更新？你如何在你的公司或团队内部尝试和塑造社会网络关系？在某种程度上，应该将你们从事的活动类型考虑进去。

如果创新和创造力是你们的专长，那么脆弱的社会网络，也就是说不鼓励形成小范围的、仅限于内部沟通的团队——也许是一种很好的策略。

如果在你们的企业中，传递复杂的知识是关键所在，那么稳固的社会关系也许可以通过集中管理知识数据库和频繁的团队建设活动得以建立起来。

你可以对此说些什么 ⟶　101 BUSINESS IDEAS THAT WILL CHANGE THE WAY YOU WORK

"一个看起来像好朋友并经常一起出去的员工小组也许无法全面地反映我们员工的交际能力——我们的其他员工究竟怎么样呢？"

"我们如何促进员工间互相交流将会对如何成功地在公司内部传递知识和最好的做法产生重要的影响。"

"我发现办公室中形成了一些小团体。如果我们尝试共享复杂的信息，那么小的团体也许会有帮助，但是从创建一个共享的工作模式的角度来说，小团体也许会成为阻碍因素。"

实验 96
如何摆脱刻板印象的影响

负面的刻板印象会严重地阻碍少数群体的表现和前途。

关于实验

亚洲人擅长数学，女性不会驾驶汽车，老年人的记忆力很差，这些刻板印象在工作和生活中随处可见。然而，除了败坏风俗的笑话或轻薄之言，负面的刻板印象可能会对那个偏见的对象产生非常直接而有害的影响。在斯坦福大学社会心理学家克劳德·斯蒂尔（Claude Steele）的率领下，其在过去的二十年里所进行的大量研究实验都证实了在各种不同的学术和非学术背景下，负面的刻板印象所产生的影响。

刻板印象威胁的一个例子就是，一个来自于少数群体个体意识到对他那个群体所持的负面的、广为接受的刻板印象。比如，在一个实验中，当女性和身旁的男性一同参加考试时，她们的表现要比只有女性参加的考试糟糕得多。这里，负面的刻板印象是"女性不擅长数学"，研究人员假设由于男性参加了这场考试，参与者意识到了这种刻板印象（不管是潜意识还是有意识）。

为什么这很重要

很多研究已经显示，刻板印象可能会在不同的背景下产生负面的影响，包括：在沟通的时候，男性的地位高于女性；或者与亚洲的男性相比，白人男性不擅长数学。在每种情况下，与刻板印象这一话题没有被提及相比，如果来自受刻板印象威胁的参与者意识到了对他们的这种刻板印象，那么他们在这项任务上的表现会更加糟糕。

实验所带来的商业启示

从大处着眼，从小处入手。令人高兴的是，研究也指出，小小的干预就可能对减轻刻板印象的负面效应。也许最出人意料，但也是最成功的干预手段就是鼓励自我认同。其中一个例子就是，在开始特定的任务之前，让相关人员花一点时间思考并写下对他们而言非常重要的一种评价。2006 年，在以此为目的的一项实验中，通过这种简单的行为，美籍非裔学生的成绩得到了很大的提高，和其他学生的成绩相比，两者的差距缩小了49%。通过帮助相关的个人意识到他们自己的价值和自我认同，就有可能帮助他们克服内在的恐惧感，这样对于别人可能对他们持有的刻板印象不再那么害怕了。

—— 你可以对此说些什么 ——→ 101 BUSINESS IDEAS THAT WILL CHANGE THE WAY YOU WORK

"我知道刻板印象威胁的存在，所以我不会让它影响到我。"

"我们可以帮助增强什么样的积极刻板印象？"

"在你开始这项评估之前，我希望你花一些时间，思考一下你最珍视的个人价值是什么。"

实验 97
避免冗长无用的辞藻

冗长的词语只会让人们看得很少，而不是看得更多，更无法体现出你更睿智。

关于实验

学生时代的一个共同特征就是，在匆匆赶出来的论文中塞满了各种冗长无用的辞藻，以凑足论文的字数要求。这种做法是基于长单词会让作者看起来更睿智的想法。2006 年搞笑诺贝尔奖（对诺贝尔奖的拙劣模仿，专门将奖项授予搞笑的研究）的获得者、来自于美国普林斯顿大学的丹尼尔·奥本海默（Daniel

Oppenheimer）研究了在短词就足以表达的情况下使用长词会产生怎样的影响。他的研究显示，事实上使用短词才会让人看起来更加睿智。

奥本海默通过各种不同的实验证实了他的假设。在一个实验中，参与者被要求对两种不同类型的论文（研究生入学申请以及社会学哲学专业学生的论文）进行评价。一类论文中包含着很长的单词，而另一类论文中，则在适当的地方用更短的单词代替长词。在这次实验中，参与者们认为，与使用长词的论文作者相比，使用短词的论文作者更加睿智。在另一项实验中，奥本海默也证明了在外语的翻译中，使用更短词语的翻译被认为出自更睿智的作者之手。在一项稍许有些不同的实验中，奥本海默发现，用高深的语句写作的专题论文并不被认为是出自聪明的作者之手。但有趣的是，奥本海默后来进行的一项研究指出，用高深的语句写作的文本更容易被人们记住。对于那些承认使用长词是为了让自己看起来更睿智的、75% 左右的学生而言，这的确是一个令人失望的消息。

为什么这很重要

对于这种反常理的发现，最有可靠的解释就是容易处理的信息（比如，用更简单的文本或字体写作）等同于写得更好，也一定是出自于更加睿智的作者之手。学生并不是被批评使用华丽辞藻写作的唯一群体。商务写作在演讲、报告或公共声明中经常因为过度使用术语而受到嘲笑。《金融时报》的专栏作家露西·凯拉韦（Lucy Kellaway）每一年都会象征性地为最好的商业术语颁发"金色法兰绒奖"。最近一位获奖作品是巴宝莉的首席执行官发表的年度报告声明，报告中这么说道："在批发渠道中，巴宝莉公司撤掉了与品牌地位不相符的门店，更加专注地投资于细分门类，更加专注定制化的关键门店。"

虽然奥本海默的研究主要关注的是研究生论文，但毫无疑问，它也适用于商业领域中的冗长用语，或者更简单地说，是商业术语。

实验所带来的商业启示

尽可能地使每件事情保持简单和明确。在感知上认为作者有多么睿智与读者能多么容易地处理文章的信息有着密切的关联。如果你在论文中的语句让人们难以理解，这未必是因为问题太过复杂无法解释清楚，而有可能是因为你自己对这一问题的理解并没有那么透彻，以至于无法解释清楚。

你可以对此说些什么 ——→ 101 BUSINESS IDEAS THAT WILL CHANGE THE WAY YOU WORK

"她在谈话时用了很多长词，她说的话听起来非常复杂。事实上，我认为她在掩盖她自己也不是真正理解这个问题的事实。"

"如果你不能清楚地解释某件事情，那么很显然，你对这件事情并没有理解透彻。"

"商业术语让你听起来很愚蠢。那些冗长的无用的辞藻也是如此。"

实验 98
想要任务得以贯彻执行，就要不断重复要求

想要你的团队更快地取得进步，就必须对他们喋喋不休。

关于实验

你如何叫别人按你的要求去做事情？来自哈佛商学院和西北大学的研究人

员提出了这个问题。他们重点研究了三个不同行业的六位项目经理所使用的沟通策略。研究人员们在他们所做的研究中，得出了以下三个令人吃惊的结论。

1. 那些使用了"不断重复的沟通"的经理，即对自己的团队成员一遍又一遍地重复相同的信息，与那些没有这样做的经理相比，他们的项目执行得更快。

2. 在拥有直接管理权限的经理（比如，承担生产线管理的经理）和不拥有直接管理权限的人之间存在着沟通方面的差异。没有直接管理权限的人会不遗余力地将信息传递给自己的员工，通常使用多种媒体平台（比如，电子邮件、手机短信和面对面沟通），并且他们经常会紧接着通过不同的方式来传递他们的信息。相比之下，拥有直接管理权限的人更有可能延迟沟通，通常仅仅通过电子邮件来发出要求。有趣的是，事实上没有直接管理权限的人因此更能有效地管理团队成员的任务。

3. 在和自己的员工进行沟通时，似乎明确的信息（比如，清楚地说明需要员工去做什么）并没有那么重要，而信息的数量以及每一个信息传递的次数更加重要。

为什么这很重要

你是不是曾经担心自己在工作中是一个非常令人讨厌的人？你一直在对其他人一遍又一遍地提出相同的要求？好吧，现在你应该不用担心了。这项研究的发现指出，如果你真的想把事情完成好，你需要不断地对着人们唠叨直到事情真的做好为止。只是因为你曾经提出过要求就希望其他人做好，很明显这么做不一定意味着你想要他们完成的事情就一定真的能被完成。

实验所带来的商业启示

这里的关键在于，向人们提出要求的时候要使用明智的策略。你要求谁去做某件事情？你为什么要求他去做？你是不是他们的经理呢？

如果你来管理，你不应该指望通过简单的等级制度就能够让他们完成你所要求的任务——你需要监控这些要求的执行情况并确保这些要求被履行了。

如果你没有管理他们，那么最好的行动方式就是通过不断重复的沟通来确保你从多种渠道清晰明确地说明了要求——这样做就不会对要求做什么存在任何疑问，同时团队成员也会明白任务的紧急程度。

── 你可以对此说些什么 ──→ 101 BUSINESS IDEAS
                              THAT WILL CHANGE THE
                              WAY YOU WORK

"我非常高兴能够和你面对面地布置这项任务，但是随后我会通过电子邮件来跟进这个任务的完成情况。"

"准时地完成这份工作真的非常重要。如果我通过电子邮件发送一份关于它的重要性的清单，应该无伤大雅吧。"

"不要担心自己一直在跟进任务的完成情况。要把事情做好，这就是一个明智的策略。"

实验 99
有时候逃避回答问题就是最好的回答

有时候逃避所需要回答的问题也许就是
最好的回答。

······这就是为什么我们是领先的······

关于实验

当你向政治家或商业领袖提了一个特定
的问题，但他们似乎回答了另一个问题，这
时候你会有多沮丧？根据来自哈佛商学院的托德·罗杰斯（Todd Rogers）和迈
克尔·诺顿（Michael Norton）所做的研究，对于听众而言，这根本不会使他们
感到厌烦。罗杰斯和诺顿在四项不同的研究中模拟了政治辩论，他们发现躲避
检测（dodge detection）这一现象，即听众通常不具备分辨出什么时候演讲者逃
避了特定问题的能力。研究人员对此提出了一个假设，即逃避之所以无法被检
测是因为对于听众而言，他们并不总是以逃避检测为目标（比如，这个人在回
答这个问题），而是以社交评估为目的（比如，我喜欢这个人吗）。他们的研究
的确显示了当听众们被鼓励极其认真地期待着辨别是在逃避问题还是回答问题
的或者是提问题时，听众能很容易地分辨出在逃避问题。但是，有趣的是，对
于观众而言，似乎演讲者流利地具有说服力地回答一个错误的问题比糟糕地回
答一个正确的问题所达到的效果更好。

为什么这很重要

正如这份研究报告的作者幽默地提醒读者的那样，罗伯特·麦克纳马拉

（Robert McNamara）曾经说过一句非常有名的话："不要回答你被问到的问题，回答你希望被问到的问题。"一直以来，都有人向我提出很难回答的问题，从"我为什么没有获得晋升"到"为什么这个产品没有成功地实现预期的设想"。从道德角度来说，有一种学术流派规定了，你必须诚实地、如实地回答每一个被问到的问题。但是，从实践的角度来说，诺顿和罗杰斯的研究指出，在大多数时候，由于谈话的速度太快了，事实上对于听众而言，他们很难注意到他们刚开始提出的那个问题的进展。将这一点牢牢地记在心里。你也许会认为回答你喜欢的问题而不是你真正被问到的问题是一种权宜之计，但要注意麦克纳马拉提出的指导建议。

实验所带来的商业启示

在这项研究中，包含着以下三个重要的提示。

1. 做好准备。当你预期可能会被问到很难回答的问题时，在这之前对答案做好充分的准备。大体上，听众会从你回答问题的流利程度方面来评估答案的质量，而答案的内容往往是其次的，所以你应该让自己时刻做好准备，并尽力做到这一点。

2. 重新叙述。如果别人向你提出了一个很难回答的问题，你一下子回答不了。那么通常最好的选择就是重新叙述这个问题，用你可以回答的方式对此进行叙述。

3. 指出对方在逃避问题。从相反的角度上来看，如果你发现和你辩论的人在回答你的问题时，总是在逃避问题，不要期望其他的听众也能察觉到这一点。此时你最好向听众们指出，这位演讲者事实上是在逃避问题，这样做既有助于使观众的注意力集中到这一点，也有助于对你形成非常有利之势。

你可以对此说些什么 ⟶ 101 BUSINESS IDEAS THAT WILL CHANGE THE WAY YOU WORK

"这是一个非常好、非常复杂的问题。在我回答这个问题之前，让我先对它重新叙述一下，以确保我能正确地理解它。"

"我知道在这次的讨论中，我的同事做出的回答听起来很流利，但如果你真正地去聆听他正在说的内容，实际上他一直都没有对被问及的问题做出回答。"

"一个好的回答并不等于一定要回答被问到的问题。"

实验 100
推动变革合理化的辩论技巧

辩论的技巧是如何有助于表达制度的变革。

关于实验

在 2011 年由罗伊·萨达比（Roy Suddaby）和罗伊斯顿·格林伍德（Royston Greenwood）所合写的、《管理科学季刊》学术贡献奖论文中，他们分析了 1997 年一家加拿大律师事务所被安永会计师事务所（Ernst & Young）高调并购后所使用的辩论言辞。他们的这种做法帮助定义了一些可以用于支持或反对制度性变革的辩论技巧。

当时，安永会计师事务所的并购引起了巨大的争议，因为它正好击中了问题的要害，即新的跨学科组织应该采取怎样的形式。到目前为止，会计事务所

和法律事务所都是以独立的个体的形式在运营，然而安永会计师事务所通过提
出建立跨学科的专业服务公司，使该领域有了新的突破。这一提案获得了热烈
的追捧，由美国律师协会（the American Bar Association）和美国证券交易委员
会（the US Securities and Exchange Commission）组成的联合委员也在了解这种
新的跨学科公司应该具有怎样的运营模式。这项并购的支持者和反对者都坚持
自己的立场，并对这一事件提出了他们的看法。通过分析委员会的文字记录，
萨达比和格林伍德设计了一个框架用以帮助理解对变革理论这一问题所运用的
不同的辩论技巧——换而言之，人们该如何谈论以及试图将变革合理化。以下
就是这些辩论技巧。

- 本体论的辩论技巧（ontological）——建立于对世界应该是怎
  么样的基本理念。这通常是一股保守势力，反对变革。
- 基于历史的辩论技巧（historical）——提到传统，并调用过
  去伟大人物的名字。通常用于中和激进式变革，转而提出渐
  进的路径相依的变革。
- 目的论的辩论技巧（teleological）——诉诸目的论或者走向
  特定目标的愿景，但是目的论的辩论言辞通常表达了鼓励与
  过去完全决裂的论点，以推动转型变革为目标。
- 宇宙论的辩论技巧（cosmological）——强调某些力量的不可
  避免性，这将导致明显的、必需的行动方案，比如全球化的
  变革。
- 基于价值的辩论技巧（value-based）——在辩论中，双方都
  可能使用这种技巧，通常会牵涉到声称"我们的价值观要比
  他们的更好。"

为什么这很重要

2012 年，英国牛津大学萨伊德商学院的蒂姆·莫里斯（Tim Morris）率领团队

做了一项研究，也调查了另一个深远的制度性变革的例子，即专业服务公司如何从传统的合作企业向专业的管理公司转变的细节。这项研究总结到强有力的决策者对于引领变革起着关键性作用，同时他们所使用的修辞也起着至关重要的作用，变革必须牢牢根植于公司的文化传统和价值观。换而言之，用萨达比和格林伍德的模型来说，成功的变革需要援引基于历史的和基于价值的变革理论，来解释为什么现状不再是一个选择。

实验所带来的商业启示

考虑变革的层级。考虑一项重要的制度性变革（比如，收购或转型战略），你要么是变革的亲自参与者，要么是变革的见证者。持不同观点的双方如何使用语言来描述正在发生的事情？萨达比和格林伍德的分析为我们提供了一个非常有益的框架，来思考如何通过一系列的理论描述变革。

援引公司的历史和价值观。如果你正在尝试为变革创造动力并明确有力地表达为什么变革是必不可少的，那么谈一谈公司的历史和价值观似乎是一个非常好的出发点。

── 你可以对此说些什么 ──→

"虽然我们的公司正在发生变革，但是这种变革和我们的价值观、和公司所主张的以及长久以来主张的都是高度协调的。"

"在为变革辩护时，他只是用了本体论进行论证。我认为这不足以说服怀疑论者。他需要更广泛的变革理论来真正消除怀疑者的疑虑。"

"变革总是着眼于未来，但也许我们应该考虑从成功的过去这一角度来推动变革。"

实验 101
将谣言扼杀在摇篮里

谣言是如何变为事实的。

我听说······

那是猫，
不是鸡。

关于实验

关于"谣言是如何产生"的学术
研究基本上都认同这一理论，即在不
确定的状况下出现信息缺乏，为了填补这种空白就会出现谣言。来自于凯洛格
管理学院和斯坦福大学的三位研究人员在这个方面进行了更深入的研究，他们
调查了使谣言从单纯的谎言转变为可感知的事实的根本原因。通过四个独立的
实验，德瑞克·洛克（Derek Rucker）和大卫·杜博艾斯（David Dubois）得出
了这样的结论：尽管个体在与他人进行交流的时候，传递了自己的核心信念，
但是他们通常无法成功地传送自己对那些信念的确定或不确定的感觉。

换言之，想象一下这种情形：三个顾客传播着一条关于一家面包店一直出
售过期产品的谣言。甲顾客可能告诉乙顾客："我听说面包夫人一直在向顾客出
售过期的蛋糕，几个人因此食物中毒了（核心信念），但我不确定消息来源的可
靠性（确定或不确定）"。然而，到了乙顾客将这条信息传递给丙顾客的时候，
他很可能会保留核心信息，但是丢失了对这一谣言的可信或不可信因素。因此，
他会这么说："我听说面包夫人一直在向顾客出售过期产品，人们吃了这些产品
感到不适。"他完全没有提到甲顾客对这种说法的来源或可信度存在担忧。因此，
这种无法成功地传递"确定或不确定"的因素被认为在谣言转化为事实的过程
中起到了至关重要的作用。

为什么这很重要

2008 年 10 月，散布着一条关于"史蒂夫·乔布斯由于身体健康问题将不得不辞去苹果公司首席执行官一职"的谣言。这条谣言广泛传播，以导致苹果公司的股票市值缩水了 90 亿美元。任何从事公关或品牌管理的人都非常了解，看法——不管是不是基于事实，都可能会对品牌的价值产生非常大的影响。在对一个品牌的攻击发生后，传统的公关主要关注一旦灾难发生之后要做什么：迅速行动，锁定产生的影响，开展反攻战术。这项研究提出了一些方法，这些方法可以让公司通过挑战谣言的可信度，更加迅速地将谣言扼杀在摇篮里。

实验所带来的商业启示

质疑任何谣言的前提。企业应该直接与顾客进行接触，对于那些可能会带来危害或产生负面影响的谣言，要在可信度、真实性和来源方面对它们提出挑战。对一条谣言的可信度问题提出质疑有助于破坏它的可信度。

进一步的研究指出，我们完全有可能成功地让顾客关注他们的信念的可信度，这样做有助于抵消人们对传递信念的内在偏爱，而不是去质疑它们。与过去相比，社交媒体使公司能够更方便地和顾客进行交流，现在已经有了这样一个可以将这个建议付诸实践的平台。

在日常的情况下，下一次你在工作中听到一些令人惊奇的事情时，首先问一下你的同事消息来自哪里，他或她是否真的相信这条谣言。

第11章
关于商务沟通的实验

—— 你可以对此说些什么 ——→ 101 BUSINESS IDEAS
THAT WILL CHANGE THE
WAY YOU WORK

"发布一条新闻公告，否认这条谣言并且质疑消息来源的可靠性。"

"我不相信那件事情。"

"在 1 到 10 的范围内选择，你认为这件事情是事实的可能性有

多大？"

北京阅想时代文化发展有限责任公司为中国人民大学出版社有限公司下属的商业新知事业部，致力于经管类优秀出版物（外版书为主）的策划与出版，主要涉及经济管理、金融、投资理财、心理学、成功励志、生活等出版领域，下设"阅想　商业"、"阅想　财富"、"阅想　新知"、"阅想　心理"以及"阅想　生活"等多条产品线。为国内商业人士提供包含最先进、最前沿的管理理念和思想的专业类图书和趋势类图书，同时也为满足商业人士的内心诉求，打造一系列提倡心理和生活健康的心理学图书和生活管理类图书。

 阅想　商业

《游戏化革命：未来商业模式的驱动力》（"互联网与商业模式"系列）

- 第一本植入游戏化理念、实现 APP 互动的游戏化商业图书。
- 游戏化与商业的大融合、游戏化驱动未来商业革命的权威之作。
- 作者被公认为"游戏界的天才"，具有很高的知名度。
- 亚马逊五星级图书。

《忠诚度革命：用大数据、游戏化重构企业黏性》（"互联网与商业模式"系列）

- 《纽约时报》《华尔街日报》打造移动互联时代忠诚度模式的第一畅销书。
- 亚马逊商业类图书 TOP100。
- 游戏化机制之父重磅之作。
- 移动互联时代，颠覆企业、员工、客户和合作伙伴关系处理的游戏规则

《互联网新思维：未来十年的企业变形计》（"互联网与商业模式"系列）

- 《纽约时报》、亚马逊社交媒体类 No.1 畅销书作者最新力作
- 汉拓科技创始人、国内 Social CRM 创导者叶开鼎力推荐
- 下一个十年，企业实现互联网时代成功转型的八大法则以及赢得人心的三大变形计
- 亚马逊五星图书，好评如潮

《提问的艺术：为什么你该这样问》

- 一本风靡美国、影响无数人的神奇提问书
- 雄踞亚马逊商业类图书排行榜 TOP100；
- 《一分钟经理人》作者肯　布兰佳和美国前总统克林顿新闻发言人迈克　迈克科瑞鼎力推荐

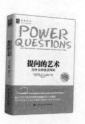

《自媒体时代，我们该如何做营销》（"商业与可视化"系列）

- 亚马逊营销类图书排名第 1 位；
- 第一本将营销技巧可视化的图书，被誉为"中小微企业营销圣经"，亚马逊 2008 年年度十大商业畅销书《自媒体时代，我们该如何做营销》可视化版；
- 作者被《华尔街日报》誉为"营销怪杰"；第二作者乔斯琳·华莱士为知名视觉设计师；
- 译者刘锐为锐营销创始人；
- 国内外诸多重磅作家推荐，如丹·罗姆、平克、营销魔术师刘克亚、全国十大营销策划专家何丰源等。

阅想·新知

《大未来：移动互联时代的十大趋势》

- 第一本全面预测未来十年发展趋势的前瞻性商业图书。
- 涵盖了移动互联网时代的十大趋势及其分析，具有预测性和极高的商业参考价值，帮助企业捕捉通往未来的的商机。
- 全球顶级管理咨询公司沙利文公司中国区总经理撰文推荐。
- 中国电子信息产业发展研究院鼎力推荐。

《数据之美：一本书学会可视化设计》

- 《经济学人》杂志 2013 年年度推荐的三大可视化图书之一。
- 《大数据时代》作者、《经济学人》大数据主编肯尼思·库克耶倾情推荐，称赞其为"关于数据呈现的思考和方式的颠覆之作"。
- 亚马逊数据和信息可视化类图书排名第 3 位。
- 畅销书《鲜活的数据》作者最新力作及姐妹篇。
- 第一本系统讲述数据可视化过程的的普及图书。

阅想·财富

《金融的狼性：惊世骗局大揭底》

- 投资者的防骗入门书，涵盖金融史上最惊世骇俗的诈骗大案，专业术语清晰易懂，阅读门槛低。
- 独特视角诠释投资界风云人物及诈骗案件。

阅想 · 心理

《幸福就在转念间：CBT 情绪控制术（图解版）》

- 美国《健康》杂志权威推荐，心理治疗师们都在用的、唯一一本 CBT 情绪治愈系图解书。
- 用视觉化的呈现方式，幽默解读情绪的众生相，有效帮助读者转变思维模式，控制情绪。
- 两名作者共同创办了认知行为治疗学院和 City Minds，拥有丰富的经验，并运用认知行为治疗和焦点解决短期治疗法，开创了综合治疗法。

 阅想 · 生活

《谈钱不伤感情：影响夫妻关系的 5 种金钱人格》

- 世界上没有不合适的金钱人格，只有不会相处的夫妻。
- 生活中一切看起来让人抓狂的金钱决定皆因彼此不同的金钱人格。你的金钱人格塑造了你对金钱、对生活的看法。只有看清自己和对方的金钱人格，了解各自思考和处理金钱关系的方式，才能找到让夫妻关系日久弥新的好方法！
- 要记住为婚姻保驾护航，不仅需要呵护好爱情，更要维系好夫妻之间的金钱关系。

《让梦想照进现实：最受欢迎的 24 堂梦想训练课》

- 英国最受欢迎的梦想训练课，曾指导许多人达成了自己的梦想和愿望。
- 循序渐进的 24 堂梦想训练课，可用于自我管理、计划规划与执行等方面的培训。
- 随书附有梦想训练导图。

阅想官方微博：阅想时代
阅想微信公众号：阅想时代（微信号：mindtimespress）

阅想时代 | 策划
Mind Times Press